山林書院叢書6

私房菜

陳玉峯 著

前衛出版

謹以本書，題獻摯友

蘇振輝 董事長

一本初衷

　　作家艾倫‧迪波頓在英國創辦的人生學校是專門為普羅大眾所設立，解答人生的所有問題，包括不受歡迎、缺錢、遭遇挫折、失戀、心碎的、困頓的，或是被認為有缺陷的，種種人生疑問與困境。早期台灣花東的公東高工，諸多瑞士人來花東奉獻，付出偉大的情操！而今，嚴長壽先生，在花東所成立的和平公益平台的故事，教導當地原住民如何開創新的生命力，教育原住民的小孩，學習英文，以及其他的藝術文化活動，帶領花東原住民學習新的創作力！

　　陳教授沉潛五年後，再度不遺餘力地投入台灣山林環境保護運動，二年前開始設立台灣山林書院，傾生命最後的力道，開啟天文、地文、生文、人文教育的基礎課程！

　　日本311所帶來的全球反核運動，如火如荼地展開，教授則發起百萬人反核行腳，十月十日正式在貢寮啟動。看到教授在貢寮的開場及頭城媽祖廟的演講，聲嘶力竭地喚醒大家對核四災難的重視與覺醒，如此用盡生命力的投入反核行動，實在令人動容與不捨！把土地的命運和自己的生命連結在一起，如此

的行動力，令人震撼！隔天抵達宜蘭慈林基金會，參觀台灣民主發展照片，林義雄先生也與大家進行一場座談。教授形容猶如在森林殿堂，看到一棵巨大的神木！林義雄先生三十幾年前就開始反核！林先生對台灣的未來，一樣抱持著樂觀慈悲的心情，依然不斷地付出！慈林基金會長期推動年輕一代的教育工作，這一切也讓我燃起了對台灣的希望，腦海不斷迴響無限的讚嘆及敬佩！

台灣有如此多的人，無私的付出，投入關懷社會、民主、文化、環境、生態，與世界潮流不謀而合，相信終有一天能開啟更理性、公義、民主的台灣社會。

和教授認識至今，一樣一本初衷，一開始的心念就是為台灣土地盡一點心力！因此，教授這本《私房菜》的出版，也希望大家，能以如此單純的心情閱讀，相信努力就有希望！

最後用一個小故事和大家分享，記得一次參訪鎮西堡神木群，阿棟牧師帶領大家在登山口祈福，和我們講了一段話。他說：「各位朋友，我們來自台灣不同的族群、不同地方，但今天來到這裡，有緣在一起，大家就是一家人，在登山的路途要互相照顧扶持，最後假如體力不支，登不了山頭，千萬不要怪這座山，而是應怪自己，回家練好體力下次可以再來！」這段話我一直記著，是的！台灣是我們大家的，大家要互相鼓勵扶持，我們是一家人，共同保護這片山林土地，為後代子孫延續一片安身立命的土地，是大家的責任，不要因一時的挫折，而忘記初衷！感恩台灣！

蘇振輝 2013.11.27

弁言

　沉潛約 5、6 年之後，我再涉江湖。

　2013 年，台灣的現象界徹底是個「假」字，從人心到腸肚，從政商到名流，比比皆是！

　我隨波逐流，留下些微爪印。有的時候，或常常，只要涉入萬象，立即悲心瀰漫。

　「荖濃溪因連日豪雨而湍湍滔滔。它若無其事地流逝，碰到岩石就避岩石，遇高地即就低處，一直隨順地流到應到的地方去，而達成其目的。我回憶曾經三次關山越的經過足跡，仰望著令人懷念的山中寂靜。」

　1936 年關文彥走過當時新闢的「關山越嶺路」之後，寫了一篇感嘆式的遊記，末了，留下上引的一段話，頗符合我 2013 年前冬的心情寫照。2013 年我以反核緣故，結實地涉入暌違已久的五濁惡世，於是，在社會共業的浪濤邊緣，我倍加懷念一生山林的足跡。

　無論山林、人間，走過總有痕跡。是為記。

陳玉峯 2013.11；大肚台地

目次

代序：一本初衷　3

弁言　5

輯一、私房菜

1. 舞　10
2. 開！　15
3. 過身　18
4. 私房菜——喜多嶋修的《曼荼羅》　20
5. 遺照與水蜜桃　25
6. 推薦《哪啊哪啊～神去村夜話》　28

輯二、人文

7. 年獸與過年　32
8. 隨想　46
9. 「山林書院」營隊前引　53
10. 《蘇府王爺》導讀絮語　59
11. 天文、地文、生文、人文——導讀《蘇府王爺》的大背景　66
12. 永遠的環保弘法師——粘錫麟　72
13. 山林書院「感恩素直人獎」　84

輯三、社會

14. 蟑螂與蚊子——黑心油花邊　92

15. 末日危機清單　**97**

16. 台灣傳媒　**104**

17. 民怨不怨　**106**

18. 社會的病氣——阿嬤的故事　**108**

19. 阿嬤的話　**113**

20. 解放台灣！　**120**

21. 當獨裁是事實，革命就是義務——讓忠烈祠開展轉型正義　**124**

22. 阿里山蓄水池的潛在危機　**126**

輯四、保育

23. 《逐路細說》代序　**134**

24. 台灣保育三十年有成——寫在大爭議之前(一)：概說　**139**

25. 台灣保育三十年有成
　　——寫在大爭議之前(二)：原住民狩獵議題　**167**

26. 〈茄苳三部曲〉一：茄苳(*Bischofia javanica* **Blume**)總說　**188**

27. 〈茄苳三部曲〉二：茄苳王公因緣　**248**

28. 〈茄苳三部曲〉三：茄苳全境生態學
　　——兼論茄苳王公區規劃的若干原則　**270**

29. 保衛茄苳公神樹花邊　**286**

附錄、山林書院　**289**

舞

1.

一生迄今沒正式跳過一次（曲）舞，一向認為自己欠缺「舞」細胞，特別是結婚以後，太太眼中的我是根杵木頭，而她花甲之年了，還在肚皮舞、牛皮舞、芭蕾舞、街舞、排舞、國標……，三不五時硬要教我「蛇腰」、「西米」，整得我竹竿打結、腰痠背痛，只惹來一身罵！

我最怕太太要教我跳舞。好笑的是，我曾經跟她上台表演過一次，還有次，在印尼的曠野上，我們跳起排舞。

女兒國一時，有次找一堆同學來家中開 party，我順著音樂，舞動極限，嚇得所有人目瞪口呆，全都躲在牆角，深怕被乩童掃到。據說我跳起舞來，遠比林美秀的「今罵無尪」震撼百倍。

我最怕跳舞。

2010 年 9 月 19 日，太太三姊的兒子結婚，選在世界有名的觀光勝地印尼巴里島舉行婚禮。婚禮 party 選在一處海拔百餘米的岬角上，會場有各種亭檯、泳池，配合大海、蒼穹，直令人心曠神怡。

新娘是愛爾蘭人，新郎是澳洲人，他們的朋友來自世界各地，但以白種年輕人為多。他們在泳池畔、在舞池，大跳特跳，西方年輕的熱門搖滾驚濤駭浪。太太與眾姊妹們以台灣人參加喜宴的心情盛裝而來，因而也不便熱舞一番，只在一長檯上排坐，欣賞年輕歐美人的狂歡。

　　我散漫地咬食食物，看著隨著音樂顫抖、躍動、扭擺的一具具活力身軀，漸漸地，我感受到節奏、舞步，呀！沒錯，原來人類所有舞蹈的根本模式是心音，心臟跳動的動與靜，閉合與開張，打從子宮開始，在母胎中，聆聽母親最原始的韻律，漸次加進了自己的節奏，一呼一應、一張

舞的原理在心跳、心音，自然到處是舞蹈。圖為曾文溪河床地，甜根子草之舞。
(2010.9.24)

印尼巴里島上的喜宴一隅。(2010.9.19)

一弛，純然的放鬆，進入始源的旋律，旋律的來處與去處。原來，所謂的跳舞，正是回去母胎生命的原點！我似乎懂了這原理。

我走到太太及姊妹們的長檯前，遠遠背對著數十位放浪四射的舞者。我面對著數十年斷定我是木頭的太太前，隨著樂音，腳盤開始小幅振動。我穿著唯一一套可上檯面的西裝，工整的領帶與皮鞋。

我放鬆，由腳腿到身軀，到雙手，開始進入心音的顫

動。我挑釁地瞪著我太太開始獨舞。我忘掉一切，進入始源的節拍，不必思考，沒有分秒的遲疑，全身每一條、每一塊肌肉，感覺只像是浪濤起伏的定音鼓。

忽然，我察覺到天地之間只有音樂，近百人的場地似乎闃無人聲。猛一打住，我回頭，發現所有的舞者呆若木雞，全場的人盯看著我一人獨舞，然後，響起了如雷的掌聲，嚇得我往角落閃躲。

回程，美國人 Jack 跟我說：「陳玉峯，你真的會跳舞，你很有跳舞的天賦！」我咀嚼著這是否真實的恭維？雖然此後，太太一樣認定我只是廟會上的童乩，但我知

筆者的舞蹈始終脫離不了童乩起乩？（阿里山受鎮宮前；2013.4.14）

印尼巴里島海灘一隅。(2010.9.17)

道，我跳出了生平唯一一次「正式」的獨舞。

後來我得知，那一天，進入原始舞蹈的有兩位。除了我，還有一位是個當地的巫師。他受聘前來婚宴場地，獨自在岬角最高點作法，他負責不讓喜宴場地範圍內下雨。雖然他身軀並無舞動，但我知道他的心念隨著氣流流轉。

我們驅車離開喜宴地，驀然察覺，馬路、草地上一片水濕！

閒！

　　自從 10 月 10 日廢核接力行腳在貢寮啟程，我在 11 日深夜回到台中以後，開始整理拜會林義雄先生的錄音，轉成逐字稿後，撰成文稿一篇，另撰其他短文二篇，並著手挑照片，寫序文、編輯接力行腳的第一本書《民國廢核元年》，至 10 月 26 日止，多虧智豪等幫忙，總算順利完稿，而於 10 月 27 日寄給出版社，另也製作一張廢核行腳主訴求的文宣（傳單），期能對喚醒全民廢核意識暨行動，產生些微的助力。

　　這半個月時日，說忙未必，說閒實苦，內心最繫念者，行腳朋友們的進程，以及行腳大義及其內涵能否感染、激發偏遠地區人們的警覺心等等。或許是我的期許陳義不合時宜，此間撥接的電話、傳訊、調節等等，超過我近七年來的任一時段，幾位青壯朋友們賦予我「成長」的機會，我學習到不少心念的焠煉！套用林義雄先生常掛在嘴邊的話：「我做得不夠多！」、「這問題很大，我實在不知影！」

台灣人有兩大類型，一種是拜福、祿、壽三仙的「他力主義」；一種是自己追求覺悟的「自力聖道」。覺悟型的，試以二副對聯說明：「誠心敬吾，無拜無妨；行為不正，百拜無用！」「若不回頭，誰為你救苦救難；如能轉念，何須我大慈大悲?!」也就是說自覺吧！你拜要死啊?!核災若發生，再求什麼神也沒路用啊！但願天下人一齊為千秋萬世積點德，站出來廢核吧！(2013.9.28；民進黨成立 27 週年黨慶)

　　此間，我到斗六演講一場，看了一次中醫，方儉、陳秉亨、黃勵爵、廖清校等友人分別來訪，我下廚及外食的次數各半，可以說，是古人所謂的「境愈閒而心益苦」！

　　於是，我選擇了一個下午逛逛黃昏市場，看看琳瑯滿目、五顏六色的蔬果，聽聽尋常買賣的對話，品味市井小民生活的喜樂與哀愁，特別是看見小孩的容顏，我心常不

由自主地歡喜起來，也為街角一位少婦正與小女孩賭氣的一幕，佇足遠觀。反正最後是小女孩嚎啕大哭，硬是被少婦連拖帶拉地揪走。我心有點痛，但非廉價「同情」，世間恆如是，我只能壁上觀（壁虎眼中的世界煞是有趣吧?!）。

於是，我又回復海闊天空，我必須再度準備下一場演講的內容。愈是簡短五分鐘、十分鐘的「致辭」，愈是棘手艱困，只因我在乎善盡當下最可能的盡責、盡力，雖然一生的演講經驗教我瞭解，頻常是沒人在乎你曾經說過什麼，而且，我們一生最多的語言，跟街頭巷尾的貓叫、狗吠雷同。即令如此，我還是得在「苦」中榨出一點「閒」，而「閒」的常態就是「沒事」。

這也是「閒」！等食、等死也是「閒」？(2013.9.16；麥寮)

過身

　　躺在床上的父親跟我們示意，大姊跟我一左一右挨過去。

　　我握著父親左手，一股冰冷寒氣沁心。

　　然後，我們凝視著父親安詳的臉，彷彿有股靈氣泛起而消褪，如同海灘上潮水上湧後，迅速隱沒在沙灘，了無痕跡。

　　父親過身了！

　　生死交替與日夜交接，灘地的潮來與潮去，一樣地自然而無蹤無跡。

　　1991 年春父親逝世，我不在身旁。

　　2013 年 10 月 22 日清晨，夢中，父親讓我彌補了這一段；八千二百多個日子之後，父親幫我銜接生、死橋梁，了卻了無縫接軌，彷彿無門關的關門大開，示現了走過身軀的一幕。

　　我相信，來去、生死、二元妄相已然合一。

人性源自自然，美感、良知也自自然演化而來。

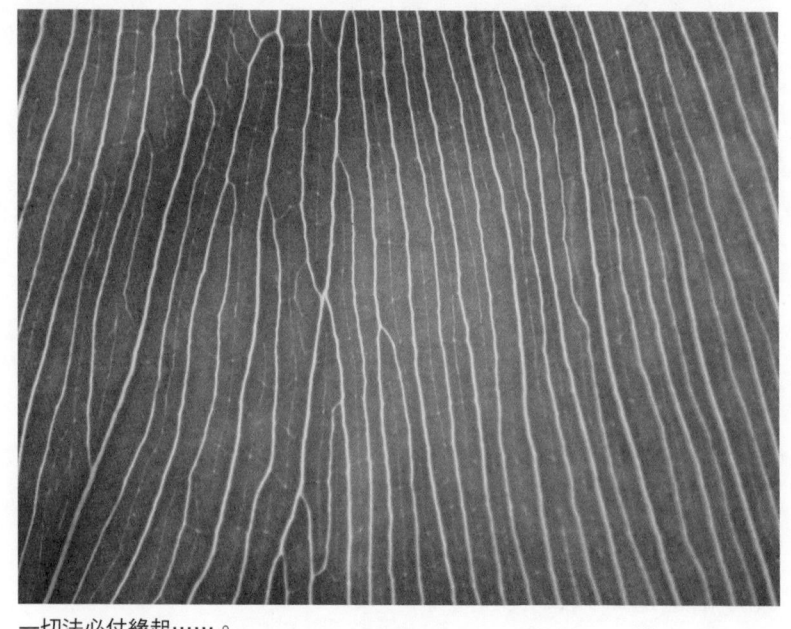

一切法必仗緣起……。

私房菜
——喜多嶋修的《曼荼羅》

　　十多年前我首度聆聽日本作曲家喜多嶋修的名曲《曼荼羅》，便歡喜得不得了，只當它是空靈境界的載體，卻還帶有著紅塵味，橫直著迷了一段時日。後來，也就淡忘了。

　　近來，目睹台灣政權出賣環境、土地、人民、世代的囂張，已屆瘋狂地步，又為反核、廢核三十餘年的困境有些焦慮，加上近年來較少上山，以致靈魂有些僵硬，看待人間事時，自覺少了一分柔軟。或許如此，2013 年 9 月 11 日接到「概念音樂有聲出版公司」李財吉先生來電時，猛然想起該公司出版的這張 CD《曼荼羅》，於是，再跟李先生索取。

　　9 月 13 日收到 CD，立即重溫這張天籟，且將之列為第一道「私房菜」。

　　所謂「私房菜」，就是不管客觀事實或公論的內容，完全依據自家一時性的品味，列為可口珍品的享受者，也隨興介紹這道菜入口後的意象。

楠溪林道原始闊葉林。(2011.8.9)

《曼荼羅》據說是描述空海法師（人稱弘法大師，西元774-835年）一生傳奇的音樂，全曲分六樂章，標題分別為：曼荼羅、旅抱、西方淨土、心念、法輪，以及白蓮花。作曲者自稱：「……作曲的過程中，經常感覺有種神祕的力量與我的靈性相通……」而象徵無限、絕對、無極、虛空、永恆的宇宙實體云云。

然而，暫且不管作曲者原意、意境或其他人的感受，我只依9月13日再度聆聽的當下感受，與朋友們分享點滴意象。

聽這首曲子，就是對大腦、小腦、延腦、脊髓、末梢神

經及全體身心的按摩。

第一樂章、曼荼羅：

起音的號角，接續以低沉合聲，立即將我的大小神經拉出身外，直入宇宙的任一場景。就以台灣人熟悉的佈景來說好了，我踏上阿里山小火車，隨著悠揚、節奏的步調啟程，挺高海拔、走入山林。

空氣漸次清新，場景歷歷變化，各式各樣的綠葉繽紛，逐步疏理塵世紊亂的思緒，洗滌每一條血管、淋巴結，然後，在一隻若有似無的布穀鳥引領下，行行重行行。

闃無人煙的小站小佇，再以同樣的步伐前行。拔離了十丈紅塵，放下五感六識，走向異次元。

第二樂章、旅抱(向內的旅途)：

進入空靈的山林中。隨著晨霧、熹光、山色的遊走，蜿蜒溪澗的綠水流而不流，我走在楠溪林道南向眺望。一種無止境的擴展，舒坦而曼妙地，在靈海之上漫步。

每一步呼與吸之間，平寧、安詳與悠然，我是停泊在綠色汪洋中的獨木舟，置身遼曠法海的中心。

第三樂章、西方淨土：

懷著愉悅的心情，我檢視闊葉林海的多層次世界，第一喬木層、第二喬木層、灌木層、草本層、地被植物、根系世界、地殼的千層派，縱橫與垂直，印記萬象與流變。

蟲鳴、鳥叫、蛙啼，野猴群戲於樹間，眾生各適其適，交織成和諧的天籟，夜幕低垂前的呢喃，入夢後夜市的繁囂，撐出山林的另一世界，但調性齊一。

楠溪林道原始闊葉林。(2011.8.9)

第四章、心念：

這是思春或懷春曲，不管任何年齡。寫仙女動了凡塵戀，猶抱琵琶半遮面，也寫出世、入世的徘徊與幽怨，絲絲入扣心識的角力區，很適合在沙龍或咖啡廳播放。

天堂與地獄、生與死、十丈紅塵與超然物外、愛戀與出離……都在寸心間撩撥。

第五樂章、法輪：

責任未了啊，戰鼓頻催，不能留連在仙境！

休憩不是永眠，你得再出發；沉澱非死寂，只是念念離念。硬功夫仍得下，人間路還是得苦行，一步一腳印仍須落草紅塵。

然而，陽光三疊，出入山林，究竟是入山或出山，無人知曉。

近鄉情怯，五里一徘徊。昂然闊步，原來最最汙濁處，有一頃朗朗淨明。

第六樂章、白蓮花：

經由見山是山、見山非山、見山又是山的自在自由之後，新生與再出發而雄渾無畏。

節奏部分，至情無情、大愛慈悲，而法雨四浴、波瀾壯闊，賽勝赴義從容的雄糾糾、紅巾特攻隊化為烈焰前的賁張。行雲流水的樂音流瀉，一觸一痙攣。

旋律則自然與人文大集合、東方與西方大會合、古典與流行大交響！

整首曲子出離而不離，也是禪除的觀音。還是美！

遺照與水蜜桃

　　2013年8月7日我由台中驅車前往花蓮演講，途經中橫某林蔭幽深處小佇，而該地只我一人清靜。

　　不久，有部廂型車停駐，下來了一批出家人。一位大師父領著一群比丘尼前來。

中橫此處，邂逅一群比丘、比丘尼。(2013.8.7)

令比丘尼手舞足蹈的台灣二葉松。(2013.8.7)

許是空靈氛圍，比丘尼們欣喜、興奮、手舞足踏，狀似赤子，天真浪漫，引發我大笑。

我問大師父：「從那裏來？法脈為何？」

大師父答：「屏東。法脈？釋迦牟尼佛！」語畢，我們相顧大笑。

比丘尼一個個挨著大樹拍照，我跟她們說：「跟你們拍照的樹叫台灣二葉松。」她們邊唸著二葉松邊合影。大師父說：「拍吧！拍下來以後當遺照！」我問：「你們還需要照片嗎？」我們同時莞爾。

然後，他們上車，我也走向座車。忽然大師父前來，拿著大、中、小三顆水蜜桃：「人家送的，有機的。」我想挑最小的一個：「一個就好！」他堅持給三個。

下午1～5時我在花蓮市對著一群年輕的「黑潮」朋友們講演，傍晚由花蓮經中橫、台14甲回台中，夜晚10時前抵家門。這天，這三顆水蜜桃聊充我的三餐。

6. 推薦《哪啊哪啊～神去村夜話》

　　這是一本活靈活現的慢活生活主張，透過一位懷春的純真大男孩，鋪陳傳統日本自然文化的青春之歌，某種程度以上也可以說，才華洋溢的作者，寫出了誘導都會慾望橫

日本文化底層是「八百萬宗教」的自然文化，更加上濃濃的禪意。（2009.4.1；高麗神社）

富士山雪景。(2009.4.22)

流的人們，不自覺地上了一堂可愛的愛情倫理課。

　　表面上，作者以日記或筆記體的方式寫小說，寫作的技巧卻直逼電影近景、遠景拉來推去的多重變化，吊人胃口地一口氣看完它！它成功的技巧之一，在於勾引讀者不斷發出「後來呢？後來呢？」的渴望。

　　它的大背景或隱藏在後的哲思，正是日本傳統的「八百萬宗教」或萬物有靈論；它將人與人、人與神、人與萬物、人與自然之間，作了美好而無形的連結；它寫人死後

歸依的「神去山」（聖山）、「稻荷神」、「虎魚」等等，
乃至對「神明」的詮釋，讓講述「土地倫理」、「自然情
操」數十年的我，親切得如膠似漆。

　　而中文譯作者的新生代白話文更是一絕，作者理應好好
感謝譯者！

輯二

人文

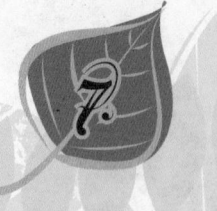

年獸與過年

「年」字古代書寫為「秊」。依據《康熙字典》，穀熟叫做年；五穀（稻、麥、稷、黍、菽）皆熟謂之「有年」，「大有年」意即五穀大熟或大豐收。年也是「歲」的意思，「年」、「歲」同義。遠古時代，夏朝稱之為「歲」；商代叫「祀」；周朝稱「歲」；唐虞則叫做「載」，都是「年」的意思。「歲」是取義於天上星星繞行一周次；「祀」乃依春、夏、秋、冬一輪而謂；「年」則取禾一熟之意；「載」取物終更始。

換句話說，「年」是「禾熟之名」，每歲一熟，故以為歲名。這顯然是溫帶地區的現象，一歲即一年、一載等。如果以現代台灣的物候來說，則一歲可以是「二年」或「三年」。

台灣人過年習俗多沿襲自中國溫帶地區。而年之所以是年獸，很可能是古代冬季，乃俗民生命得否延續的大關卡，因為溫帶地區的秋季，若不能儲備夠多的糧食，窮人很難熬過冬，特別是上了年紀的人。在酷寒天氣下，正是

虛弱人們最高死亡率的時候，即令衣食俱足的現今台灣，冬季（特別是強烈冷氣團來襲時）還是年內最高死亡率的時段。年獸是高死亡率或死神的象徵或代名詞。

而凍死或熱能不足、昏迷漸死者，往往狀似入睡，因而照顧者儘可能不讓患者「睡」著，甚至不斷地搖晃他。如此的照顧、搶救，就蛻變成為要過「年獸」關卡的「守歲」，因此，除夕夜（大年夜）大家相信越晚睡越有福氣，或父母越能長壽。這習俗當然是中國傳來台灣的。

除了「守歲」之外，除夕那天家家戶戶常會製作「長年菜」。「長年菜」就是正月所吃的菜，取義「長壽」，象徵的意涵也跟「儲備足夠糧食，度過嚴寒困境，俾能延年益壽」有關，但長年菜是閩南人在台灣演化出來的一種稱謂，起源於清代台灣的佃農或所謂長年工，他們利用二期稻作收割後的休耕期，徵得地主同意，種植菜蔬等短期作物，添補生計，是謂長年工的菜，收成時間恰逢過年前，從而形成長年菜此一名詞。

過了險境之後，天氣已變暖（開春），走出窰洞，大家見面不勝噓吁，且慶幸還能倖存，因而互相道賀：「恭禧！恭禧！」也就是：「恭賀你沒死！」此外，做年糕、備年菜，無非也是「儲備糧食過冬」的舊慣。而到了初一，乃至初五期間，每天一早拜拜燃放爆竹，意即嚇走年獸、驅趕惡靈死神，從而除歲迎春，生命獲得新生，故而「爆竹一聲除舊歲」，大伙兒高高興興地慶祝新生、新年的開始，是謂「一元復始，萬象更新」！

除了上述由生態制約解釋年獸與過年之外，所謂年節等意義，尚有更深沉的文化內涵。

大約從 7 ～ 10 萬年前以降，人類開始出現跟生、死有關的符號或意識，相當於開始發生所謂宗教的情操，而漸漸脫離純粹動物性（當然，究竟有無純粹動物性或生物性，是個大疑問），進入所謂的靈性的體悟或感受。原始的人類由感官所獲得的訊息，傾向於視同為某種神聖性，對自然界的物種、物質、現象或自己的生理現象，大抵或者可能是某種神聖的東西，他們所活在的環境、宇宙，充滿著神聖性、神性或神祕性。

慢慢的，人類理性的比例增加，神祕的、神聖的東西漸次降低（或謂去聖化、世俗化），於是，藉由較傑出或特別的人物，制訂、創發、指定某些東西是為神聖物，於是空間與物體漸漸區隔為神聖與世俗的兩大類，也就是二元論概念的產生。神聖物與神聖的空間負責提供給人類心靈的參考點、出發點、依賴點、世界中心、存活價值意義的歸宿等等，加上一些儀式的形成，於是有了所謂的宗教，用以安頓人心對自己、對生命、對宇宙萬物的支撐。凡此神聖空間、神聖物或顯聖化，時而等同於宇宙的起源，人的來處與歸處，它可以是廟宇、教堂、神社、聖山、石頭、大樹等等。

同理，時間也區隔成神聖時間及一般（或尋常）時間。世界上各種宗教的創世之際（如果該宗教存有創世說，或宇宙的起源點），正是終極的神聖時間，或被視同一種永恆或永恆

點。人類藉由宗教性的節日，或年週期的過年，透過儀式等，激發對終極神聖時間（永恆）的緬懷、追溯、重溫與再出發（新生）。對個人而言，生日就是他（她）的神聖時間，回到人所來自、創生或被創生的原點。在這特定的日子，象徵著人可滌除過往、獲得新生，以及再造現在與未來。而特定民族、族群的過年，代表著集體的神聖時間，以及淨化與重新出發的新原點，當然這是地球生命（除了南北極兩點之外）的共同語言，由地球公轉所決定。

現今全球化的結果，加上商業化的推波助瀾，從千禧年以降，蔚為全球跨年的風潮。紐約時代廣場的跨年夜，得包著成人尿布，去折騰十幾個小時的苦難，事實上是來自原始的宗教情操，或心靈潛意識以下的呼喚。台灣年輕一代等，也趕搭這班一年一度的循環列車，而逐年瘋狂慶祝。如果，我們可以理解、瞭解、感受、領悟這些神聖時間、神聖空間及顯聖物的深層內涵或意義，或可提供給自己更有趣、更內省與再出發的新契機。

台灣人傳統的過農曆年，大年夜當然是團圓、圍爐、守歲……，大年初一則通常一家人前往居家社區（鄉、鎮等等生活圈）內的大小廟宇膜拜、祈福等，也祭拜祖先、慎終追遠，然後探望親友。重點在於心靈沉澱、淨化與再出發。

筆者老家客廳神龕後的觀音畫像。(2012.12.7；北港)

※附註：如果讀者有興趣理解台灣人拜祖先的終極意義，不妨趁此過年，
　　閱讀一下「7.1 神主牌──台灣人與靈界的橋梁」。

神主牌——台灣人與靈界的橋梁

7.1

日本大震、海嘯、核變引發國人研討系列應變，包括熱烈討論「救命包」或「逃難包」。有媒體訪問一些「名人」：災難來襲一剎那，你最想帶走的三樣東西是什麼？有位市議員回答的第二樣東西是「家中的神祖牌」；有二位演藝人員回答的第一件物品是「眼鏡」，試問帶「神祖牌」的答案，是否會讓帶「眼鏡」的人跌破眼鏡？（註：祖字錯誤，應為主）

報上植為神「祖」牌，一般台灣人都叫神「主」牌，也就是奉祀祖先的牌位，通常是有基座的、木製，上書若干文字的物體。它代表崇祖的觀念，但大多數人似乎已經不解其象徵或根本的意義，事實上，它是台灣人屬靈意識根源的託附之所在。

台灣人的祖先崇拜、奉祀的牌位，一般格式如下：

顯
祖
妣　考
諱　諱
Ｏ　Ｏ
Ｏ　Ｏ
媽　公
　　靈
　　位

也就是說，依據儒家（教）以三世為限，以「祖」為分界線，祖父母之前的，就叫「祖先」。台灣人逢年過節家家戶戶得拜「公媽」，拜的當然是這塊靈位，河洛話「公媽牌」、「神主牌」殆皆同義。

通常我們只知道祖父母，而「祖先」已屬於不可知的「不可思議界」。我小時候曾問母親，祖父母的忌日要拜拜，那曾祖父母的或更早之前的如何？母親總說他們已經成神了，或許也已經轉世了。「成神了」亦即已屬於神、佛的世界了。

祭拜「公媽牌」的意義或象徵，乃在於生為現在的我們，是來自靈界或神佛界的開啟，從而有了祖先；神、佛的不可思議或靈界，作為有個性、有差異性的人，「顯」現出來的就是「祖」，再經由「考」與「妣」，才可能傳承至奉祀這個牌位的你。任何台灣人，都是神佛、祖先，個性化、個體化為「祖」，且透由「考與妣」的意識，而成為活在的你。

因此，我們在晨昏對「神主牌」上香的根本意義，即每天早、晚，藉由觀想牌位上的提示，考、比出或觀見出我們靈性的根源所來自。這也正是一切禮儀的終極目的。

神、佛、祖先的靈界本來是無所不在的，但因世人尋常只注意到具象的事物，故給予神靈一個託附的載體，是謂牌位。更且，個人家族、族譜之外，族群、社群的集體靈界的寄託所在，便謂之「聖山」、「聖湖」，也就是假借某一特殊的地標，象徵人死後歸依的場域，或集體靈界之

所在。

2010 年 8 月 23 日我們去拜訪證嚴法師時，她說個故事，也就是她的一個弟子在臨終時是笑著走的。太太問他：「你在笑什麼？笑得那麼高興？」他說：「我已經回到師父的身邊了。」太太追問：「哇啊！你回去師父身邊，那我呢？」他最後一句話：「妳趕緊回去金門（註：太太是金門人）做環保。」他的遺體獻給慈大當「大體老師」。

上例主角因信仰而歸依到證嚴法師所形成的，超越空間的一種場域，或說證嚴創造出的，慈濟集體抽象的場域。而原住民的聖山、聖湖如大霸尖山、玉山、塔山、大小鬼湖等等，則是集體信仰意識所託附的自然物載體。富士山當然是日本人的聖山之一，富士山腰在古時候因一位流亡太子，祭拜山神許以復國的地點，後來轉變成沒有任何建物的「神社」，許多日本人還會去參拜祖先曾經所在的場域，此即超越時間的信仰寄託地。

台灣原住民透過祖靈崇拜，賦予對聖山、聖湖、聖地的保護，其常經由禁忌來達成。全世界許多與宗教、信仰相關的生態保育地、自然保存，它們的依據或內涵大同小異。自然生態保育的終極理論的一部分，正是透過如此的根源所來自，或屬靈的層次，始告圓滿。

早年在台華人尚有落葉歸根、還葬中國的慣習，但後來轉變為在地認同。就時程而言，依全球各地移民史，歸納出至少約 60 年或 2 ～ 3 代以上，便足以形成或完成在地

化，3～4百年在台華人史沒有理由不能形成終極依歸，乃至建構聖山、聖地或屬靈的「境界」。不幸的是外來政權更替頻繁，台灣的主體性、意識型態或隱性文化，始終徘徊於反覆無常的錯亂，因而迄今為止，尚未深化。民進黨執政暨之前的一段時程，已產生登玉山或視玉山為聖山的運動與行動，如今則停滯或倒退，然而，無可諱言者，鼓吹者本身欠缺內化、深化也是原因之一。

1980 年代以降，我一直在宣講從土地倫理到文化創建，部分重點即擺在終極歸依場域的建立，雖然不能說「玉山運動」是我催生出來的氛圍，且當年我並未將自然保育連結到宗教、信仰及屬靈領域。如今，我們這代人的天職之一，必也是連結信仰到自然生界土地的軟體工程。不只鼓吹全體台灣人共同聖山的確立，乃至各區域，捍衛各地生態系的山林水土之屬靈認同，皆應以豐富的自然暨人文、地文暨維生生態系相關的內涵，做為任何台灣人在 15 歲之前的基本教育之部分。例如，佛教之保護鬼神村，應以現代環境保護、生態保育的辭彙及知識，依科學理性及宗教語言的融合來寫出。

從吾人所來自，且之與地土生界的相關，不僅統括所有生態體系的知識與現象，以及現象的背後，更可瞭解、體悟先人傳承的精神、生活型。而各種儀式，無非是提醒我們，既要清晰觀看，更得洞燭內在因緣的牽連。古人造字，凡地上可長出植物的，是謂「土」。就「土」字而言，地是上面一橫，下方還有整個地球的根基之一長橫，

中間一豎即冒出來的植物，生養作育我們，而生物、生靈的根系，直接連結到大地的基盤。這是縱向的根本思維。

橫向的，連結到我們與其他生物的網狀立體關係，接續地球史我們之與生命演化的全方位「深層歷史」，乃至我們與宇宙大霹靂以降，身上所有原子、分子在時空逆旅的終極處，包括可思議界與不可思議界。

我們一直在創造文化且傳承文化，繼往與開來。我們這代人正是要將台灣的天文、地文、人文、生文完全貫串，賦予從唯物、唯心到靈界的根本原理，並整合為原本一體的合一或本一。宇宙的存在如果有意義、有真理、有究竟目的，毫無疑問，正是透過我們來彰顯；我們存在的目的既在我們本身，也在於發掘靈界、生界與唯物界的統一原理，佛陀證悟過、耶穌宣說過、阿拉也從該境界而來，世界上所有宗教殆皆同源，差異的只在不同的證悟階段、不同的語言表現而已。

世界上不該有屬靈的迷信，迷信是心智、心靈走入死胡同的執著，絕非靈界的修為。歷來我深信，理性是最深沉的感情，感情是最優雅的理性，若沒有充分的覺知，則我們一直處於情境、理性與悟性的分割，而無法以完整的人性對待自己、別人、生界、大地與宇宙。我們需要學習與教育的，是全境學。

再回原點。

台灣傳統上的靈界既然屬於神佛的不可思議界，則台灣人生死、來去的同一端點，其特質如何涵攝或包括於今人

之中？或問台灣人的靈肉觀是何？或問台灣人的靈魂論是什麼？

西方人的靈魂說殆為精神或各種心的能力；佛教的靈魂近於「無限度之藏」，或所謂的阿賴耶識；而台灣人的靈魂或精神則含有三種成分，也就是靈、魂與魄，但台灣人一般不談靈，且今雖晨昏祭拜神主牌的大有人在，但很可能多淪為形式或只是拜祖先，或表象化的慎終追遠（只求儀式齊備的慎終，卻忘了追溯靈界的終極之遠）；台灣人說極端受驚嚇叫做魂飛魄散，有勇氣叫有氣魄，也說三魂七魄，就是罕說靈。

其實，台灣人的意識裏認定，靈是神佛、無限、無極、無量、無窮或終極的某種東西，而靈在人身上可以是「精神」的「神」或「心」的一部分，而我們常說：「心知肚明」、「心肝寶貝」、「心上人」……，問人：「心、肝內想什麼？」「腹肚內想什麼？」「我又不是你肚子裏的蛔蟲」……，罵人：「一肚子壞水」、「頭殼壞去」等等，可見「心」、「思考」、「意識」、「想」……等作用及功能，是可以由四肢以外，從腦到五臟六腑都可代表之，也就是說，它是一種抽象流動性的「氣」。

莊周「德充符篇」說：「以其知得其心，以其心得其常心。」而常心是一種「虛靈的明覺」（唐君毅語）；「人間世篇」暗喻心之本為氣，氣乃虛而待物的某種東西，故而「應帝王篇」說：「用心若鏡。」而台灣人的心乃神靈之臺或載體，此一「神靈」不會消失，只會回歸其所來

自，然而，魂與魄會消失。所謂「魂」是「陽化的神」、「魄」是「陰化的神」，而「靈」是「不滅的神」，是人的生命的本質與特徵。

這些觀念，充分反映在台灣人死後的儀式中：

一個台灣人就是一具肉身包裹著靈、魂、魄。

當台灣人的心跳停了、腦死了，也就是死亡的過程中，就由「魄」包裹著「靈與魂」，自肉身脫殼游離而出，進入茫茫渺渺的某個維次的時空。於是，由宗教師招「魂」（其實是魄、魂與靈的合體，簡稱魂），將此「魂」招回至暫時性的牌位，以便誦經、超渡，且認為得費時 7 天，「魂」才能回到「家」或暫時性的牌位之上。

當「做百日」時，「魄」（原本包裹著魂與靈）就回歸大地而消逝了，剩下「魂」包裹著「靈」，直到死後 1 年滿。

當「做對年」的儀式之際，「魂」即消逝或回歸天虛，只剩下「靈」。

直到 3 年整，「做三年」的儀式中，才由宗教師將「靈」永久歸位於「神主牌」上，也就是已成神，回歸不可思議界，也才有資格登錄在祖先所來自的「公媽牌、神主牌」之上。

至此，我們差可瞭解台灣人的「神主牌」不只是「公媽」而已，幾乎可溯及宇宙初闢一切所來自，而靈界不必只狹限在《封神演義》神話小說所建構的天庭神佛而已，也含括宇宙終極的大統一原理。由本質、基體的靈，從而聚集天、地或陰、陽的魄與魂，藉由父精（精子）母血（卵子）

而合成的人，在他死後，也回歸靈界。而「神主牌」提供、提醒台灣人，時時刻刻得觀想生為人的本源與天責。神主牌正是台灣人與靈界的橋梁之一。

此外，神主牌有個基座，可讓人聯想或推溯至古中國神話時代，堯舜禪讓制度中，所謂的「封禪」。

古中國部落、小國推出共主為帝，帝位不傳私，舊共主接納各部族領袖之推舉，預先物色繼承人，且在舊共主晚年，讓繼位人暫時代理政務，使其有所歷練而接受考驗。舊共主死後，該繼承人正式攝政 3 年，接著退居等待各部族表達意見，若大家一致擁戴，則新共主才可登基，登基時的儀式是謂「封禪」。據說中國人後世的「三年之喪」，根源於此。

封禪的意思可能是：在泰山之上聚土為壇以祭天，泰山下除地以報地；或聚土為「封」、除地謂「禪」。象徵的意義似在於，匯聚天下所有生民的最大公約數，由該帝王代表，向天溝通、祭拜、禱告；剷除掉各部族的立地差異、族群差異、語言差異、立場差異，向地報告、奠祭，也就是成為所有人的共主，從而祭告天地。

而神主牌的基座相當於封禪儀式的祭壇，也就是提醒祭拜者，生為人最好得以禪除貪、嗔、痴，或任何魔障與偏執，懂得隨時反省，且在動心起念之間，如何放下各種偏差，擇善而不固執。由大處著眼，由公義思考，如此才有資格祭拜此牌位，考究、比擬、反思、揣摩父母的人格與優點，淨化自己的心思，端正自己的行為，從而透過祖

先，銜接靈界。

　　如上，台灣人的神主牌可以是終極根源的傳承與開創，它是生死永續及溯源的載體，當災難來襲的剎那，搶帶著它也是很自然的德性，我也相信，它更是活體生靈，在我們內心深處，隨時存有屬靈的天賦，或集體共同的遺產，有時候，可以完全不需要有形的具象。

隨想

　　很長的一段時間我幾乎與世隔絕，一生也差不多沒做所謂的「社交」，依據時下觀念或標準，我的 SQ(微笑指數)必然不及格？幾十年來我認識的朋友，大多是過往走街頭時代結緣的。因為這種認識朋友的方式，是基於社會公義的大氛圍，我記得很清楚，1991 年 5 月 6 日台北的反核遊行，一位不認識的鹽寮來的，拄著枴杖的歐吉桑，流著老淚告訴我：「少年吔！台灣愛靠你啊！」我知影，個人生命的意義，很大的一部分是傳承、接力咱台灣的精神、人格與價值觀，也就是台灣靈魂聖火的接棒。每次的街頭行列中，我都看到台灣主體的毫光，在人群頭頂三尺高翻滾。那種感覺就是：咱是同一國的！

　　也因為我不會「做人」，大部分認識的朋友幾乎沒有私交，欠缺一般「你兄我弟」的交情與負擔，很有可能也因此，我才能堅持在大方向、大原則的未曾動搖。為什麼這麼說？因為「人情世事」充滿欠缺大是非、大智慧、大遠見的小道德、小聰明、圖方便，而無能在結構性、根本

性、內在性、一致性等等面向，創建國家主體、集體意識、共同願景的根基與鴻圖。社會上普見「積小善、行大惡」、「有良心地做錯事」、「善意地做壞事」、「蓄意的無知」、「敗大德的溫情主義」、「腐敗型的假寬容、假道德」……，一般台灣人既無能駁斥腐蝕台灣主體性的邪說，有心有識者常常也只能眼睜睜看著邪魔橫行霸道，歪理充斥「主流傳媒」而汙名化我們的世代！踐踏我們的靈魂！

2012 年 3 月 11 日我們在台中反核，我搭公車前往集合點時看見招牌上有句「格言」：寬容 (原諒) 敵人，就是善待自己 (或類似的話)。途中，我思考著這句話適用與不適用的範疇和弔詭，也想到其終極出典的佛說。然而，這句話不能亂套，而必須明辨。到了台電大樓前群眾集合處，雖然我沒有敵人，但我上台說：「原諒台電就是虐待自己、危害社會、禍延世代子孫；反核代表我們正在開創這個社會尚未存在的善良與美德，反核就是道德，反核就是公義……」人要死時，通常不是想到做了什麼偉大的事，而是該做還沒做的事！我們是台灣人的好子孫嗎？我們是台灣人的好祖先嗎？

邱吉爾曾說：「四十歲之前不是自由主義者，沒有勇氣；四十歲之後不是保守主義者，沒有智慧。」拿這句話檢視邱吉爾不也諷刺？這句話放在健康、自主、自由的社會，在某種層面還算妥當，但是，像目前台灣這種偽和平、假自由、非理性優勢、欠缺主體性、不自覺的被汙名

筆者一生自評：「極盡醜陋；一無是處。」(2013.7.6；彰化縣)

化、奴才化的社會，恰當嗎？我相信真正正直、有覺悟、有主體、有公義心、有大智慧的人，年歲增長應該可以是老當益壯、老益彌堅，而隨時可以在最恰當的時刻犧牲奉獻，絕非縮頭阿Q！（請勿侮辱烏龜）

關於台灣的問題或議題，我只能從渺小有限的個人經驗或角度，提出兩大面向的反思，最後則以個人正在做的事工跟大家分享、討論。

其一，台灣由板塊擠壓，出海問世的 250 萬年來，適逢 4 次全球性冰河及間冰時期，因而收容從極地以迄赤道的生靈，涵蓋南北超過 4 千公里的生命樣相，形成寒、溫、

暖、熱等 8 大生態帶的生態系。台灣是地球生命的諾亞方舟。而來台落地生根的生命，遵循台灣土地或自然律 (自然主體性) 而演化，發展出鬱鬱蒼蒼的福爾摩莎。

（天演主要現象或綱目另外舉例說明；高山植物、冷杉、鐵杉、檜木、上下闊葉林，西部平原疏林及海岸林等 8 大帶及其元素等；物種、特產種、亞種、變種、族群、基因池、種化作用、異域演化等等。）

其二，從原住民時代、荷領、明鄭、清代、日治、國府、扁治及馬治迄今，短短約 4 百年來，台灣歷經西洋、東北亞及中國等外來政權統治，大約 7 個朝代異文化，加上史前自左鎮人 (2～3 萬年) 以降的人文世界。其中，影響最為深遠，建構台灣現今最大宗的價值觀中樞系統者，殆為 1,052 年來，自北宋以降，中國遭遇兩大外來政權 (元、清) 統治所造成的國難與教難 (萬教歸一宗、改佛為道等)，禪宗精髓文化保存的綿延與再創造。台灣恰好也是人文世界的諾亞方舟 (另一為日本禪宗)。

（台灣禪文化的綱目例如媽祖信仰、王爺信仰、三太子、台語等等；台灣價值觀或人格總典範——無功用行：無德之德、無善之善、無宗教特定形式的宗教、水牯牛精神等等。）

不幸的是，20 世紀以降或清治以來，關於自然文化方面，台灣在唯用主義、貧窮文化、人本霸道及特權的資本主義影響之下，特別是因為歷來台灣資源的開發利用，從來不是為了島上生靈的長治久安、永續發展為圭臬，而取決於外來政權的境外政治目的，以及島國外貿取向為主決策，因而以掠奪為手段，以耗竭為目標 (例如梅花鹿、樟樹、

檜木、礦業等天然資源），隔絕自然、土地暨生靈，導致欠缺健全的自然情操與土地倫理的發展，摧毀台灣自然主體性，造就現今天災地變、土石橫流的悲劇或浩劫。

在人文面向，由於經濟為政治服務、教育為政權鋪路、司法替政霸效勞（事看誰辦，法看誰犯），宗教為政治化粧。全面施政為鞏固外來既得利益的長存而設計，於是，人文的主體性或自覺的靈魂，反覆受到汙名化、醜陋化，導致台灣人失卻自尊、自信，而淪為自卑、自怯與自賤。外來統治者更不斷創造小利、小惠、小善、小德、小名、小義⋯⋯，培養一批批惡鬼格為其效命，而以台制台。

最最嚴重的，觀音入理法門的內省功夫如果欠缺主體自覺，很可能淪為「奴隸當久了，建不了國的悲劇」！這面向需要大智慧的觀照啊！

於是，禪文化的赤真、無功用行的自力聖道，淪為他力主義；自然文化、自然主體的崛起，亦長期滯留於口號、文宣，一直未能深入后土神髓。因此，自然主體（生文）及人文主體（人文）合稱台灣主體的傳承與開創，從來只能以「隱性文化」的模式，作地下化的流行，而顛沛流離、極盡隱晦與扭曲變形！（註：隱性文化的定義或說明，詳見拙作《玉峯觀止——台灣自然、宗教與教育之我見》，陳玉峯，2012a，前衛出版社；無功用行或台灣價值觀、人格或精神的底蘊，實乃奠基於觀音入理法門，詳見拙作《台灣素人——宗教、精神、價值與人格》，陳玉峯，2012b，前衛出版社。）

近來我重新投入戰鬥，溫柔、歡喜地戰鬥，發願要設置

「山林書院」，也就是台灣自然暨人文哲學學校（詳見部落格：http://slyfchen.blogspot.tw/；e-mail：hillwood.tw@gmail.com），一些培育人才的營隊、專修班也已啟動。期待社會大德、先進們可以加入「山林書院」的講座，而同願、同見、同行！

2012 年 9 月 7 日，我在虎尾寮、新塭作草根口述史深度訪談，受訪者其中之一，未受教育、不識字的鹽工顏秀琴女士（82 歲），在言談間，不自覺地哼唱台灣「降服」後一年，台灣基層勞工的歌謠，她說有五段，但她連一段也唱不完整：「……搬請來，走出茨外，一路到車頭。者濟人攏總相仝（這麼多人通通一樣），財產沒半項；五十一冬，好真像美夢，為著台灣不願放；肩頭頂行李者重，有錢請沒工。人濟濟，相諉相挤，載轉來去落地（人這麼多，相互碰撞、擠來擠去，載回去放下吧）……」

狀似天真、純樸、逗趣的俚歌底下，我瞥見似笑還哭的一閃淚光，甚至於她自己也未曾察覺。「……台灣的政權也好，個人家庭的世世代代旅程也罷，總是會有轉運的時刻啊！這麼多的台灣人通通一樣，沒什麼有價值的東西傳承嗎？五十一年了，曾經的世界強權大日本帝國，只不過是鏡花水月、空思夢想而已，但是為了台灣，這份責任就是不甘願放棄啊！肩膀上的重擔如此沉重，沒有人可以幫你承擔。雖然台灣人這麼多，大家互相計較、互相比評，但是我還是回家鄉，好好地落地生根吧！……」

我是依隱性文化的方式作詮釋，你可以駁斥胡說八道，但我只是表白一貫的態度。

2012 年 3 月 11 日台中反核的遊行隊伍走到終站後，我遇見黃潮州、蔣瑛珠夫婦及其亭亭玉立的女兒，他們製作了一張大相片，標明這是 1991 年 5 月 6 日台北反核遊行時，他們跟女兒的留影，強調：「我們現在一樣反核！」他們跟我說的第一句話：「這是 21 年前你拍的！」是啊！才 21 年 ?! 51 年 ?! 3、5 百年 ?! 還是老話：過去戰鬥、現在戰鬥、未來戰鬥、死後戰鬥！我永遠追隨台灣先覺者的腳步，向前走！

9. 「山林書院」營隊前引

~ 自然生態保育、環境保護、自然情操、土地倫理、生態旅遊等等，不僅是知識教化、科學教育，更是人格的培養、價值改造的教育，它們奠基於屬靈最深沉的宗教情懷與人心的終極來處，並對生界未來世代作承擔。~

　　敬愛的朋友們，誠摯地歡迎大家結此因緣。

　　我們每個人、每個心靈體，都是一種快速變遷的活體場域，彼此之間、彼此與天地萬物或環境之間，每一瞬間，都在進行著立體、多維次的時空、動態、網狀、交互影響，而且，我們之所以會對別人的思想、觀念、行為或話語，感受共鳴、激賞、驚嘆、震撼或認同，通常是因為我們本身具有同樣或類似的意識、見解或想法，只不過我們尚未用心提煉它的深層意義或付諸行動而已！我相信此刻我們的際會，必定存有先前的許多因緣，更且，必將牽動往後的社會變化。

　　感恩諸位朋友賜給我分享智性、感性與靈性的機會。

這八天密集的課程，不盡然可以馬上讓您脫胎換骨，至少我有把握，只要您願意用心，憑藉二千數百多張台灣第一手生態、文化等圖片資料，加上文字或口頭解說（假設您願意全程錄音、存檔下來），消化過後，您必然可以將之轉化為您的教材及解說的內涵。我檢討、反省過往七個梯次「環境佈道師」的經驗，如今，我會放下個人解說、演講的「精彩度」，而將重點擺在如何讓您盡可能吸收與轉化，同時，類似「售後服務」的概念，營隊結束，一段時間之後，我樂於辦理定期或不定期的問題疑義解答，也就是說，各位朋友將這些教材重編或取捨，且施用於上課、解說教育的過程中，遭遇任何困難、疑問等，我們可以再度（多次）聚會研討或解疑。此外，願意深入研究、研習進階類型的人，我將提供更深度的探索、更廣泛地區生態的研究班，只要您願意，我會竭盡所能，奉獻到底！

　　從事教育的許多人很怕講舊的內容，然而，我們每天都在看舊照片、舊事物。您看到的陽光是 8 分鐘前從太陽發射出來的；夜晚觀星，是宇宙最古老的舊照片，有些星光是數十億年前的痕跡。**任何語言、文字、講演、解說的內涵，無一不是「過去式」，重點在於啟發當下、現在及未來「進行式」！我們從來不是自己的經驗、智慧之所生，但是，上帝也從沒創造有經驗的人，而就在此刻的每一瞬間，我們都可重構、新建新生的自己，從而改造新社會。**

　　前年我去參加一個親戚兒子的婚禮。親戚的兒子是台大醫科畢業的高材生，婚配的也是菁英中的菁英，因而不能

山林書院第三梯次台北營隊在塔塔加大鐵杉樹下合影。(2013.7.30)

免俗地，找來一大堆所謂名流要來致辭，親戚也強要我說話。而大部分致辭者都是恭維、催促「早生貴子」，好像結婚只為了「幹那檔子事」，因此，輪到我上台時我說：

「我實在不知道結婚的意義是什麼？我更不瞭解生命的意義能否用講的？一個杯子之所以叫水杯、茶杯或尿杯，一個桶子之所以叫水桶或尿桶，是在使用過後才知道！同理，在生命裏頭找意義 (find means in life)，通常只會找到霧中花、水中月或顛倒夢想，不如面對生命去過活它 (find means to life)，從而自己決定出何等的意義來！你們結婚的意義是

什麼，就看你們如何面對與過活而定，幸福不是由祝福而來，但我還是衷心地祝福你們！」唉！**覺悟總在滄桑後；真相總在意料外；做過深入研究後，才知道自己一無所知啊**！台語說：要知，要知早就好額了（早知道，就富有了）。**可以重來、重複演出的叫戲劇，永不回頭的叫人生。**

雖然如此，「緣起性空」還是人間悟，且隨時、隨地、隨人悟。何謂教育？何謂解說教育 (interpretation)？何謂環境教育？何謂老師？何謂解說人員？一定義就死在句下，說似一物便不中。因為許多情境、狀況，眼睛能說得比嘴巴多很多，也有更多時候，我們都被視覺、聽覺、五感六識及大腦經驗記憶所欺騙。1980 年代初葉，我在剛成立的墾丁國家公園訓練解說員，自己也常充當解說的任務，當時，我強調解說就得是 enjoy yourself，你可以自己講得很享受，至於享受的內容與要件，複雜得很呢！後來我說解說或教育就是：「**食髓知味、樂於分享、當下創造、適可而止的活體表演藝術。**」

個人經驗中，解說或教育的內容有三大類或傾向，其一，知識、技術或理性的演繹，包括事實以迄認知的陳述，這面向幾乎是所有上課最多、最常見的共同特徵，也最簡單，最被視為理所當然；其二，情感、感性、直覺等等的分享，這面向有時得看八字、看場域、看臨場的氛圍而定，像我，幾十年來一直有個「溫柔的遺憾，也就是無能與許多朋友分享我在自然林野所獲致的驚異、感動、喜悅、冥思、啟示或悸動」，更有一些況味、情境，的確只

在孤獨中呈現；其三，靈性、信仰或宗教哲思的體悟與分享，這面向頻常是唯心與抽象，太多這類的分享是假象、催眠或妄念，更常是雞同鴨講或只因誤解。

　本營隊的內容三者兼具，我不確定我們可以進臻何等程度，但願個人身、心、靈的狀況可以差強人意，幸運的是，我們的內容有大半談自然、土地與生界，那是我們的原鄉，「如果我們可以從哲學、文學、科學、藝術，得到先哲的肯定與慰藉，我們更可以從自然生界得到終極的溫暖與和諧，就像我們的老祖宗之所以歌、所以頌、所以興，絕不會從蒼白大地所產生。」

　而在尋常話裏，解說人員或教育者需要的要件例如：

1. 豐富、深廣、正確、客觀的內容。

2. 旺盛的企圖心、熱誠或使命感。

3. 身心維持在最佳狀況，盡可能以正面鼓舞為導向。

4. 當下創發、聯想、比喻⋯⋯

5. 幽默感與活潑智能⋯⋯

6. 語言技巧、身體語言的延展：制高點、察言觀色、觀機逗教⋯⋯

7. 不斷自我反省與修正。

8. 整體而論，解說或教育最最重要者，在於具足大慈悲、大智慧與本願力。

9. 其他⋯⋯

　預祝我們可以在這八天當中，很具活力地相互學習，而：「我不可能告訴你，什麼是真理、什麼是生命的意

義，但可以確定的是，我們都想知道，都欲追尋什麼是真理、什麼是活著的意義。透過不斷地辨證、體悟，以及隨時的驚喜，我們始終在接近真理、親炙真理。這種感覺及過程叫做學習。」

※附註：知識、文本與解說的差別，可延伸閱讀：陳玉峯，2007，《台灣植被誌第九卷：物種生態誌(一)》，前衛出版社，17頁或全書。

10. 《蘇府王爺》導讀絮語

✎ 流轉與生滅

這些話似乎適合在廣漠曠野，星空下的獨白。

完成《蘇府王爺》一書的出版之後，我寫張短箋給蘇董，讚嘆他在兩年來心性的鉅大轉變，此之後，我對他已經「百無一用」矣，因此，「揮手自茲去，蕭蕭班馬鳴！」

他接信後，「想了一整晚」，很困擾。

為什麼我如此「白目」？因為，凡是生命現象，有開始就有終結。開始無由得知，結束可由自由心證決定，何不在最美好的時刻了結？

再則我與蘇董的友情太完美、太自然，以致於我不忍心再拖累他。於是，我告訴他霍榮齡女士 28 年前告訴我的一個故事：

「有位玉匠大師偶然獲得一塊曠世璞玉。

「他花了三年時程精雕細琢，終於完成了一件絕世玉器完美無瑕。

「作品完成後，他陷入苦思。他將自己和玉器鎖在房內數日，最後拿起鑿子，在那塊完美沒有任何瑕疵的玉器上，輕輕地挫出一道痕跡，而喃喃自語：

『人間沒有這麼完美的東西！與其毀在別人手裏，不如自己終結它！』」

2013 年 7 月 23 日再見霍榮齡時，提起這個故事，她先是楞了一下，而後回說：「嗯！吔！對吔！會遭天忌的吔！」

後來，葉菊蘭女士得知此事，電話中她數落了我一句：「呸！這就是陳玉峯！」

唉！我何必如此不近人情？因為我活愈久，意志愈脆弱、感情愈豐富，卻愈來愈不能表達啊！

這幾乎是每個老年人的特徵之一嗎？每條皺紋，都刻劃著豐沛深沉的故事；每根白髮，都走過風雨雷電、奔騰澎湃或溫柔婉約、深情款款，而無聲有息啊！

8 月上旬，郭麗霞、吳學文伉儷跟我說：「書太大，現代人不易啃得下，辦幾場導讀如何？」於是，就有了今天這場交流。

由於我的書寫充滿瑕疵，因此可以大加討論。

✍ 談書之前

要談這本書之前，先得從去年出版的《玉峯觀止》及《台灣素人》談起。前者從自然與宗教到唯心、唯物史觀，歸結出西方唯物科學，以及東方兩大唯心系統：印度

《蘇府王爺》出書後，於 2013 年 8 月 6 日前往新塭，為蘇寶慶先生伉儷慶祝 80 大壽。左起林東献、筆者、蘇寶慶先生、蔡時女士與蘇董。

的宗教唯心論及中國的倫理唯心論等，鋪陳台灣宗教文化的大背景，然後切入台灣的隱性文化，也就是被外來強權統治、支配、扭曲、打壓之下，台灣主體之以潛伏、寓意、地下化的方式，包埋在宗教障眼法、隱形的斗篷之中 (p.219-343)；後者以〈觀音佛祖〉一文，直接說明這套隱性文化的法理、奧蘊，強調台灣素人之美，或台灣精神、人格的形塑，乃出自禪門心法所教化。於是，《蘇府王爺》則解構台灣傳統宗教的自力聖道，之如何由陳永華等創發，並形塑代代台灣人最深沉的內在傳承與發揚。

10.1

第三臍帶——《蘇府王爺》讀後感

作者：葉秋源

人生在世，一生汲汲營營，終究都在追求安身立命之處。如何生存、如何生活佔據了人們一生的時光。

有人天資聰穎，有人宿世福慧，妻賢子祿、房子、車子皆備，世人皆稱福壽全歸、成功的人生。

但人終究是屬靈的物種，食衣住行滿足之後，定會往生命的意義，生活的目的，去做大哉問。最後，各式各樣的宗教滿足了人們的困惑，安頓了人們的身心。

在台灣這個極樂之地，眾神紛雜、百教齊發。如何選擇正信的宗教，又使人們面臨了極大的試煉。

人生於地球，在佛家來講，為累世之因緣，實屬難得。佛家義理精闢，但大乘、小乘、密乘齊聚台灣，有時也紛紛擾擾。佛說人心有五十一心所，也不是眾人皆懂。反而道家清靜無為、三魂觀，倒也符合國人之信念，通俗且易懂。

已逝的印度哲人，也是新時代導師的克里希那穆提，以驚人的剖析力，為我們指出人類的新境界，又說：「什麼都不是的人，才是新時代的人。」

近閱陳玉峯教授大作《蘇府王爺》一書，頗有克氏之

功，陳教授以驚人的剖析力，為我們道出了台灣人終極靈性信仰的底蘊，讀罷頗有花開見佛悟無生的況味。

陳教授三十年來，歷經山林土地、植物等生界的探究，最後拋棄教職，做全球生界倫理的巡禮，終於開出了智慧的火花——由前衛出版社新出版的《蘇府王爺》一書中綻放光華。

書中以庶民史觀，詳述台灣文化之源起，鄭成功父子三代在台灣的經營，以及清、荷之間的拉鋸，是一部活生生的台灣近代史。

令人惋惜的是，這些都不是莘莘學子所熟知，歷史課本只是輕輕帶過，它從來不是中國歷史的重心。因此人們與自己的土地、歷史文化、宗教產生極大的疏離。一切的祈求淪為他力救濟、求財、求平安之神偶崇拜，個人的靈性仍然無歸所。

導致社會風氣日益乖奇，各處醫院精神病院乃至監獄人滿為患。人心浮動於全球化、中國化、南進、西進、資本剝奪、圈地抗爭之中。

事實上，人的一生有三條臍帶，缺其一，則人的一生必有所缺憾。

第一條臍帶，乃連接母親子宮的臍帶。人一生會永懷母恩、終身孺慕母親，實與此一臍帶有關。

人的第二條臍帶則為父祖血脈，它是我們宗姓之來源，使我們緬懷先祖、永思不息。這一臍帶我們由三節祭祖、清明掃墓、日夜點香而連繫著。

人的第三條臍帶，是人們最不易瞭解的。它雖無以名狀，但我們不可一日不依賴它。我們因有了科學知識、有了工業化、有了經濟制度而忘卻了這第三條臍帶。我們讚歎煙火的燦爛美麗，明日我們會在河流中看見吸入太多煙硝的大批死魚。

人類因本有的貪念，大量開發山林、大量累積財富，使我們忽略了第三條臍帶，它是我們的土地、我們的生態、我們的人文信仰。

因此可以說，不明瞭第三條臍帶的人，縱然生活再富裕，仍舊可以說是貧乏的人生。

陳教授《蘇府王爺》一書彌補我們上述的缺憾。他告訴我們，人必須定根於本命土，才會有終極歸依。而王爺信仰與觀音信仰、媽祖信仰，何者為本體，何者為應現，書中皆一一道來。

筆者三十年來不拜王爺，一來不知其典故，二來王爺廟大肆燒金、鳴鞭炮、燒王船，皆與生態、環保相悖，更加深個人之信念。

但回顧家母生前對王爺信仰的虔心崇拜，八歲時家中不僅供奉王爺，而母親為使愛兒能平安長大，也屢請王爺神乩到家中作法保我兄弟平安，王爺退駕之景，事隔五十年，恍如昨日。

閱讀《蘇府王爺》後，方知王爺信仰乃鄭成功參軍陳永華為民族命脈之永續而做的權宜之計，使民族精神有所託存而發展出來的信仰，用心良苦，實為澤被後代之大行。

讀畢頗有前往書中所敘之地參拜之興。三十年前我第一次選擇蜜月旅行之地，竟然是三條崙海水浴場，只有一大片黑沙與波浪，是一掃興的旅程。但回想起來，我可能三十年前即開始做第三臍帶的追尋，闔上書頁，我為尋得第三臍帶而充滿法喜。

生為台灣人，不可不知台灣史，更不可忽略「蘇府王爺」，它將使你定根於本命土，將佛道之深奧理趣，深入淺出地展現於庶民史中。閱後你將可昂首向天說出：「哇系台灣郎。」

天文、地文、生文、人文
——導讀《蘇府王爺》的大背景

　　一般演講大抵是生活內涵，很少探討到國家、社會的結構議題，更不容易涉及時空場域的大變換，可以說，比較討好的演講內容，是聽眾切身相關的，或當時聽眾較關心的事務。然而，我一生的演講內容大多是公共議題，而且常是較不為人知的，因而聽眾並不容易在短短時間內，聽解較深沉的內涵，也因此，偶會出現雞同鴨講的爭議。只要進一步相互瞭解，有沉澱，有深思細究的機會，絕大部分的議題都可釐清。

　　晚近最後一次冰河期北退之後，地球進入空前的 8 千年氣候相對大穩定的時期，這 8 千年天候的穩定，造就了人類蓬勃發展，乃至現今的文明，當然，此一相對大穩定期中，存有龐多小冰河期的消長輪替，也經常跟歷史上各大帝國、繁多政權的更替息息相關。台諺：「人沒照天理，天沒照甲子。」試圖解釋的，其實包括大氣候變遷與朝代更替。

　　我將宇宙天體所有交互影響的現象（例如太陽黑子），夥

宗教之所以為宗教，其唯一也是最根本的特徵在於「靈驗」或超自然無法解釋的部分。人們只能假借一些意象或特定象徵，將之具體化。圖為 2012 年 7 月 22 日，台中萬善同歸廟之土地公廟新建安座大典，找來道士普渡鬼魂，並奉祀鬼王。

同大、小氣候對地球生物的影響的要素總和，謂之「天文」。

台灣受到「天文」顯著的影響，一般人熟悉的就是颱風、豪雨、霜寒等等天候，但更上一層次或中層結構性的因素是小冰期。台灣最近一次的小冰期發生在西元 1350 ～ 1800 年期間，這段小冰期，台灣年均溫可能較今冷了 1 ～ 2℃，而且，強烈的西北風將中國西北方、蒙古南部的戈壁的黃土沙，吹到了南台中海拔的大、小鬼湖底沉積。小冰期結束後，台灣或全球許多地區的氣候開始回暖。

個人從植被生態的角度估計，台灣的生態帶或植被帶（生文的一部分）開始往上及往北遷移，大約始於 1830 ～ 1850 年代，而且，此等年代正逢人類工業革命後，空汙或溫室氣體的劇增，恰好為全球增溫推波助瀾。

1980 年代我證實台灣的植被帶正在往上遷移；2006 年我公佈近 30 年來，台灣海岸植物往北遷徙 30-80 公里。由生物現象（或生文）綜合研判，1990 年是分水大嶺，無論動、植物，甚或人種生理現象，1990 年以降，是極端化震盪的開始，各類「異象」猛爆發生，難以逆料。

而台灣近年「天文」之重大影響人文者，在於從 1959 年 8・7 水災（當年號稱 60 年來最大災害）以迄 1996 年賀伯災變期間，台灣出奇「穩定」的天候，約略造就現今經建文明的成果（雖然此間天然災變仍頻傳，但引發實質及人心的震撼並不甚強烈），也形成時下社會運作、典章制度、計畫規劃等等思

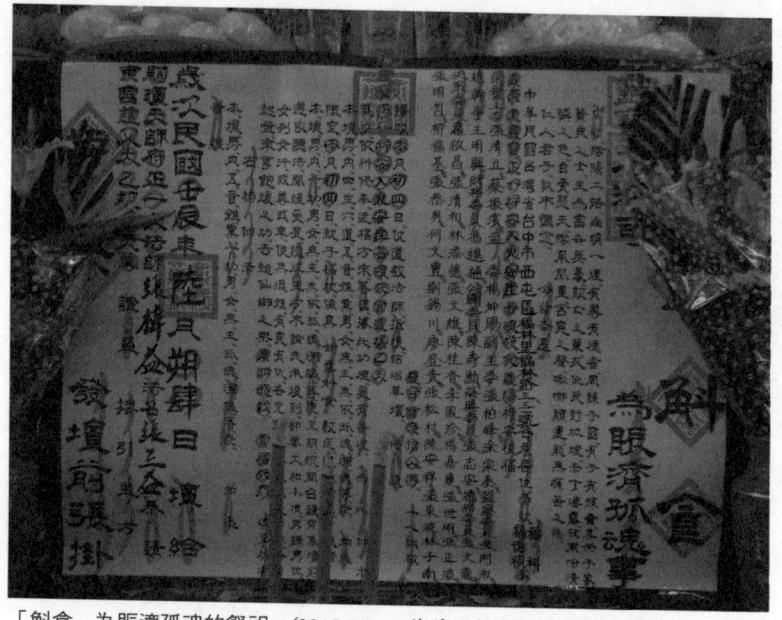

「斛食」為賑濟孤魂的祭祀。(2012.7.22；萬善同歸廟土地公廟安座)

考模式，嚴重欠缺警覺心，以及不考慮環境正義的繁多內涵！1993 年我預測大災難即將來臨，3 年後賀伯狂掃，1999 年 921 地文大震撼！

所謂「地文」，包括地球科學，乃至人類改變地貌的一切變遷。地文與人文的重疊部分，例如人文地理學、空間地理學、人地關係、土地倫理、風水觀等等。

地文之影響人文，台灣人較熟悉的，諸如地形、地勢、山川河海、地震、土石流等等。一般人對地文之影響生界或人文，認知有限，其顯學之一即生態學的許多內容。

生文即地球上所有生命現象、原理，包括人種之謂；人

所有的祭祀，安的是活人之心。

文其實只是生文的一部分，但因人本主義、人種本位的關係，單獨抽離出列為「人文」。人們最熟悉的是人文，卻是最充滿偏見及盲點的領域。

如同台灣生文最重大特徵：台灣是地球在冰河時期生物的諾亞方舟；台灣人文的最大奧祕：台灣文化、人格特徵、宗教法脈、價值意識、行為典範等等，乃是禪宗「無功用行（無所求行）」的素人實踐世界。台灣文化的底蘊，正是宋代以降，國難、教難等民族主義、禪門法脈最後的救贖地。

《蘇府王爺》一書即經由媽祖及王爺信仰的解構，透

視約 4 百年來，台灣菁英陳永華等人，如何以禪宗宗教手法，延續民族意識的隱性建構。此一根本的傳承。正是由觀音佛祖(本體)—任何神明(應現觀音)—三太子(方法論)的模組或表象，表達在廟寺、家庭客廳，並以之教化台灣素人。這套觀音法理的潛移默化，造就台灣素人的無德之德、無善之善，狀似「純粹利他主義」的「無功用行」，卻在政治力的壓迫下，難以將公義善行，延展至大公大義，或對社會、體制的改革。直到近數十年來，素民的自覺，終於走向坦蕩大格局的四文(天文、地文、生文、人文)運動。藉由對蘇振輝先生的傳記，本書闡釋了台灣禪文化的新生，並跨向全球。

永遠的環保弘法師
——粘錫麟

〜生死無悲喜……

　　人的死亡就像電器用品已故障到無法可修、報廢一途。

　　從事環境工作勞心勞力，悲憤常縈心頭，這種生，又能何喜？生既無喜，死就莫悲。

　　我的信仰是社會公義，卻不信宗教的六道輪迴……沉思以後的抉擇，無關報應功德。

　　既是報廢，就要回收，留下的一只皮囊，捐給醫院當解剖大體，算是最後的剩餘價值。至於世俗的各種喪儀，就全免了。如果有場台語歌謠音樂會，讓大家來嬉笑怒罵、調侃鄙薄，就是好句點。

〜摘自粘錫麟法師「自悼文」

〜莫謂行為類猖狂，繫心環保衛家鄉；
　敢輕一死歸塵土，身化花肥蕊更香。

〜粘錫麟法師述志詩

　永遠的環保弘法師走了嗎？沒有！他只是「半過身」！

2012 年 12 月 7 日，蔡智豪與筆者前往鹿港探視粘老師，見及百年孤寂的環保老將，心中一股不捨。

　　台灣人做任何事但求「過心」，「袂過心」則是指過意不去、心裏有疙瘩，根本的涵義，脫胎於不沾黏、滌除五感六識自性執的「禪除」，因而「過身」代表的是解脫、出離塵土之苦。而粘老師早就自我出離，早就獻身，他在 6 年前或更早之前，業已交代身後事，他灑脫地出離生死，但，我就是不捨！我祈求奇蹟！

　　2013 年 5 月 8 日深夜，聖崇從加拿大來電，問我：「粘老師要不要氣切？」

　　考量粘老師一生氣節、行止，答案我們了然於胸，但是，我們就是不捨！

2013 年 5 月 3 日上午，蔡智豪老師與我到彰基加護病房探視。仰躺向天的粘老師一樣灑脫，只是沉睡。我誦唸《心經》祈福。握著他冰冷的手，喚他、拍他：「粘老師！粘吔！還不是時候啊！我們還有很多未了責任啊！回來啊！您不能讓我悔恨啊！……」

　　2013 年 4 月 15 日，下午我從阿里山趕回台中，晚上主持中台灣廢核行動聯盟會議。會前我拜託秘書處無論如何，得拜請粘老師出席，因為聯盟的「廢核萬年團」得他出來領導。粘老師果然出席了，我也依前約，將許成章教授那套幾公斤重的《臺灣漢語辭典》載來借給他，他高興得迫不及待地翻開細讀。粘老師年歲愈是增長，對鄉土母語正確書寫的渴望愈是強烈。他在社大教授台語文。

　　是夜，方儉恰巧來到會議中找我。會後，我起興與會者合影。天可憐見，誰人料到，這會是老朋友最後的一張合照?!

　　2012 年初冬有天，我問智豪：「天氣愈來愈冷了，我們該去看看誰？」「粘老師。」智豪脫口而出。12 月 7 日夜，智豪載我到鹿港民生路 58 號。在一棟破舊老茨內，粘老師驚訝我的出現。我知道他很高興，因為過往多年來，包括他重病入出院多次，乃至他歷經滄桑苦楚的江湖生涯，我始終未曾拜訪他，除卻 2007～2012 年間，近乎閉關謝世的隱遁時期我有「理由」推卸之外，我懺悔我的「鐵石心腸」！因為數十年來，我與環保、保育界朋友們幾近無私交，且之所以認識友人、志士，絕大多數是在

粘老師在電腦上作業，旁立者蔡智豪。(2012.12.7；鹿港)

　　街頭運動的場合，或奔走在某些抗議、會議或演講的時段上，我們只是彼此認同、平素神交而已。然而，這樣的朋友，往往才是一生一世永不褪色的同志。

　　就在粘老師一切斑駁的「綠色主張工作室」內，大不忍的感受油然升起，我覺得多年潛存心底的想法不能再蹉跎了，我得趕快進行，否則我會遺憾。而在今年除夕前，央請智豪再度替我捎個紅包送至鹿港。

　　我決定今年一定要進行心願，偏偏粘老師您「夠狠」，您就是要讓我悔恨?!

　　台灣這個國家很奇怪，台灣人善良得無以復加，所謂的

2013 年 4 月 15 日中部廢核聯盟開會，站立者右起第三人即粘老師。（台中）

慈悲、慈善事業一向做得如火如荼，無所不屆、無微不至，無論海內外救災救難、救急救貧，人飢己飢、人溺己溺，而面面俱到、一應俱全。然而，就是有盲點、有死角。

　　台灣歷經長期外來霸權的高壓恐怖統治下，直到 1980 年代以降，各種被迫害、被壓榨者的力求平反或爭公道，始告尾隨政治民主的胎動而問世，龐雜弱勢運動風起雲湧。誠如粘老師說的：「相對於權力結構，哀哀小民是弱勢；相較於財團霸勢，基層群眾是弱勢。所以勞工、農民、婦女、原民、漁夫等，都是弱勢……」而弱勢中的絕對弱勢就是土地、環境、生界等，沒有嘴巴或無法發出人聲的生態系！而所謂的弱勢運動抗爭，大抵是尋求平反與

公道，常常是要求資源或權力、權利的重新分配；若抗爭成功，抗爭者可以獲取某種回饋或報償。然而，為環境運動的抗爭者，似乎幾近全然無償，而只有付出或犧牲，因為，你不可能要求紅檜結出美鈔或鑽石，你也無法期待河海的魚蝦年節來送禮，而且，空氣潔淨了、生育地復原了，你還得有慧根，才可能聽得見小雨燕、攀木蜥蜴、石虎在訴說：「勞力喔！感恩！」

尤有甚者，這些為環境伸張正義的義人，表面上剽悍勇猛、疾言厲色、聲嘶力竭，往往被世人視同「強者」、「有爭議性的人」、「擋人財路」、「惹人怨者」，更曾經被「政府」冠以「環保流氓」列管。他們的奮鬥過程，頻常是顛沛困頓、崎嶇坎坷，夥同其現實生活，事實上，可說是極盡邊緣人的苦楚。偏偏這樣的人的性格，又常屬自尊剛毅、踽踽獨行的類型，即令苦不堪言也不吭一聲。

試問，數十年來我們的社會如何看待這些義人？當他們貧困潦倒、病痛失業之際，多少人伸出援手、護持關照？他們往往成為社會慈善的絕緣體，粘錫麟老師殆即典型的一例證。

粘老師，1939 年受生於日治末期，他靠藉自修，高中畢業後直接通過「高級級任教員」的國家考試，1957 年18 歲成為國小教師。由於父母剛正不阿、鄙視貪瀆文化，他從小耳濡目染，承繼了俠士的血脈及氣質，高中時代即以高風亮節、屠狗仗義自許。不幸的是，他躬逢白恐高壓的年代，加以媒妁婚約的乖舛，1971 年他辭職，流

離於民間產業，一段時程他懷憂喪志、憤慨時局。

1980 年代，積壓數十年的民怨衝破飽和臨界，民智、民情暨社經氛圍大轉型，而傳統與現代、東方文化與西方主義、強權與弱勢、顯性與隱性、官方與民間的大衝突，就在外資杜邦打算進駐鹿港的事件中引爆開來。粘老師蓄勢大半生的義氣傾洩，從此，他選擇一條「人煙罕至、荊棘坎坷、無悔瀟灑、捨棄世俗、割捨親情」的百年孤寂環保路。

他從 47 歲仗義反杜邦，迄今 74 歲，直到今年 4 月身軀倒下的 27 年來，始終「全職」從事環保運動，台灣環運史上徹底獻身者，他是第一人，而且迄今無二。

繼鹿港反杜邦 (1986～1987 年) 以降，他直接或間接、主導或協助的案例如：新竹反李長榮化工；桃園觀音反杜邦；全國森林運動；花蓮反 TDI (甲苯二異氰酸酯) 廠、反中華紙漿廠、反和平水泥專業區；八斗子反垃圾填海、反中油油庫；台北市敦化北路反室內變電所、保護七號公園；關西反高爾夫球場；美濃反水庫；彰濱反垃圾填海；鹿港反彰化焚化爐；集集反焚化爐；反核；蘭嶼反核廢……而洋洋灑灑、不及備載。他，無役不與、無戰不衝；他，以肉身抵擋汙染鐵騎；他，幾乎就是一部 27 年來台灣環境運動史；他為台灣共業，以一生行徑，樹立了一座現代義民廟或場域氛圍；他是永遠的環保弘法師！

他的七十自述：「我的工作是無止境的臨身，工作的過程，只是要提醒社會的思考，從來不曾想過個人的張揚。

2013 年 7 月 4 日在鹿港追思粘老師音樂會，後勁戰友們以及北台環保友人齊聚。
坐者由左至右依序為王信長先生、劉永鈴先生、鄭懷仁先生、筆者、蔡朝鵬先生。站立者左起：李根政先生、李錦瓏先生、李玉坤先生等。

粘老師家屬致謝辭，由其弟代表。(2013.7.4；鹿港)

蔡朝鵬代表後勁環運人士，緬懷粘老師。(2013.7.4；鹿港)

我是一個殘障人士、獨居老人、低收入戶，可是我的生活快樂，我的心靈充實，因為我的『心』擺對了邊。」然而，就世俗眼光而言，他一生窮困潦倒、一無所有；事實上，他全副身心百孔千瘡、體無完膚，但無怨無悔。然而，他「光是台電的彰濱火力電廠，就是那麼的無奈；面對國家機器的蠻橫，又是多麼的無奈」，但他實踐了求仁得仁、行義得義的暢快，他以後半生的歲月，踵繼其父母的楷模，為台灣素民素行寫下了可歌可泣的史詩，立下了「無功用行」的典範。

　　試問我們的社會如何對待這樣的一位義人？此間，特別

是他的晚年，幸虧環保界朋友的相濡以沫、點滴捐輸，奈何，眾所周知，台灣真正的環保鬥士大抵是無力者出力、清貧者獻身，誰人又能鉅資相濟？然而，粘老師並不需求多少物資扶持，他要的是社會正義。他一生的動力，「只是心懷弱勢的苦楚」！

同樣是這群老朋友之一的林聖崇先生，三不五時會來找我，傾倒一些奮鬥打拚的感慨。有次，他跟我說，他最希望像某些大企業家們，能捐獻子女做環保，因為，沒有後顧之憂，又有熱誠志趣的人才，在台灣社會才是最理想的環運人士。也就是說，作夢！可是，我要愉悅平寧地宣稱，台灣之所以可愛、所以偉大，就在於台灣永遠會出現一批批像粘老師這樣的素人、素行，而無關貧富、榮辱、成敗。

粘老師與我之所以「親而不暱、疏而不離」，最主要的因素之一在於：觀察、探討社會現象，我們在乎的是「事實真相」，且從中解析「因果關係」，進而釐清「結構問題」，並試圖挖掘歷史脈絡，探討深層問題的解決，因而注重教育的改革，也導致他晚年之致力於社區大學的教化工程；在個性上，我們最重視實事求是、沒有階級的公平、公正原則。我們最討厭沽名釣譽、費盡心機收割利益的假弱勢運動者，偏偏這樣的環保蚊子、弱勢蟑螂，族譜繁多。

1990 年代末葉，目睹太多運動的結果，招來一大票禿鷹、鬣狗、腐食者（特別是無恥的學界），真正的付出者無人聞

問，只當個永遠的邊緣人，因此，我興起了要撰寫《台灣環保人物誌》的念頭，再由人物誌帶出《台灣環境運動史》。而我該懺悔的是，我力有未逮、自不量力，長年滯留於無用的念頭而已。我還幻想，我要規劃個「大獎」，用以呈獻給台灣草根的義人，因為台灣的俠義、行義者，不可能會自己宣說自己做了什麼偉大的事，不要臉地向什麼單位去申請、競爭什麼碗糕獎（我自己抗拒 2001 年去申請總統文化獎，2003 年才由學生、助理幫我填寫資料遞出）；因為歷來社會的許多獎項，帶有「上對下」的「頒予」、「給予」關係或色彩。而要求台灣無功用行（無所求行）的素人、義人吹捧自己，且向霸權、財團等「申請、乞求賞賜」，是種褻瀆、不敬或侮辱啊！有心、有力者應該主動查訪，發掘真正的付出、獻身者，向其獻上感恩，分享其智慧、慈悲、奉獻的經驗與愛心。奈何我始終是個無力者，一生未曾沾染權力，我實在想不出有何方法，或向人請求。

去年底我夜訪粘老師時，他說：「你自己不也很拮据？」在蒼白、昏黃的夜幕背景下，粘老師孤孑的身影，教我瞬間有種不祥感，我告訴自己，無論如何，今年一定要進行「感恩素直人獎」，呈獻給粘老師。這不只是要向粘老師表達感恩，更是要彰顯從來台灣的氣節、精神與人格！

嗚呼！老天要懲罰我，粘老師要教我悔恨?! 長久以來，蘇振輝董事長也一再告誡我：「對的事、能做的事趕快去做！」我終於體會了何謂「立槁而死」！罪過啊！

如今粘老師靠藉呼吸器維持心跳，健保規定說只能供應多少天，接下來得氣切或自費。我可以體會家屬的兩難，我也沒有權力依其遺志處置，在此，我只能懇求十方神靈完遂粘老師素志；拜請認識、不認識的朋友們，為粘老師祈福、迴向、祝禱，但願粘老師的大愛，流佈世間與出世間！更願他能健康起來，繼續為台灣發憤！

　　嗚呼！春蠶到死絲方盡，蠟炬成灰淚始乾？非也！生死不只是千風之歌啊！

2013.5.17

13. 山林書院「感恩素直人獎」

一、引言

　　三、四百年來，台灣人傳承著一種無善之善、無德之德，類似絕對利他主義的行為及觀念，甚至語言也屬多餘，只是內在的該然與不該然，更且常常超越該不該然的道德層次，而於內心世界自由自在，不會沾黏善與不善、該與不該然等等概念、心念，或說但只淳樸、自然、本然。

　　這套甚深慈悲、智慧的實踐者，頻常是台灣的草根、基層，或稱水牯牛精神，或俗謂食苦如食補，事實上，乃奠基在禪門觀音法理的「無功用行」或「無所求行」的內在修為。它們曾經是民族倫理大義的堅持者，更是台灣歷經多個外來政權、高壓統治下，延續主體文化、靈性於不墮的根本法理。它們隨著時代變遷，與全球、歧異文化不斷融合與進化，但其本質的原則殆即：「饒益眾生而不望報；代一切眾生受諸苦惱；所作功德盡以施之。」「以智慧劍，破煩惱賊，出陰界入；荷負眾生，永使解脫；少欲

關仔嶺碧雲寺的準提菩薩。(2013.5.22)

知足，而不捨世法，不壞威儀，而能隨俗……」

　　進入現代以降，這套傳統心法有了大突破，勇於向社會結構、國家機器挑戰與顛覆，公義的內容也由人本中心，擴展到環境或生界中心，更延伸世世代代的大時空境遇。數十年來，一批批無功用行的實踐者，前仆後繼地為十方弱勢發聲出力，不僅鞠躬盡瘁、死而不已，更不斷締造社會新道德、新善良的新內涵，此中，為沒有聲音、絕對弱勢的環境、土地、山林、生界戮力的所謂保育、環保運動者，頻常最是坎坷崎嶇、顛沛困頓、「最惹人怨」而吃力

筆者跨出關仔嶺碧雲寺山門之際，拍攝自身的影子。如同每個人的心相，二元對立、正反相生相成。(2013.5.22)

不討好，極盡邊緣人的苦楚，幾乎只是犧牲而無有回報，雖然他們從未要求任何回報或張揚，然而，一個社會的宗教情操、倫理水準、道德水平，必也反映在如何對待這一批批仁人、志士的態度與行止之上。

　　我們（發起人等）相信，這些先行者或義人，前瞻地揭櫫向上提升的正向能量，常常蔚為示範性的力量。當他們有意識的人格消失之際，無意識的集體人格受到感染而整體提升，超越時空而改造社會，或謂「百猴效應」的文化現象已然形成。而肯定、鼓舞這些正向力量，是社會責無旁

貸的一種正義，我們發起善待社會善根的本活動。

由於所謂的「獎項」，或多或少帶有非平等的思維，或存有一種「給予」、「頒予」的「上下」關係，而且，台灣歷來的行義者、先行者最不喜歡表彰自己，遑論向什麼單位去申請什麼獎項。要求一個義人說明自己行義的「豐功偉績」，幾乎是種褻瀆或不敬，因此，我們只能說是一種「活動」，用以表達我們對這些先行者的尊敬、肯定或景仰。

因此，我們組成一個委員會，主動查訪台灣基層草根的善根，定期表達我們的感恩，聊表大家都是這片土地生界的一家人。

二、辦法概要

1. 發起、組成「感恩素直人獎」委員會，籌募並管理基金。

2. 長期搜集、查訪或接受民間推介「台灣保育、環保人物」，不斷編輯「台灣保育、環保人物誌或傳記」。

3. 每年或定期遴選 1～3 人或從缺，舉辦特定活動，向其獻上感恩，分享其典範與經驗。

4. 每年登錄、編輯、發行《台灣環境暨生態年鑑》，包括保育、環保人物誌等。

5. 隨時代、社會、委員會變遷，擴大或調整工作內涵、鼓舞項目等等，但以單純、純民間行為為原則。

三、執行辦法及內容

三 -1. 委員會發起人：

蘇振輝董事長、楊博名董事長、黃文龍醫師、王小棣導演、郭錦坤醫師、賴惠三先生、傳道法師、楊國禎教授、陳玉峯……

工作任務：

當然遴選委員、募集並管理基金、指導大方向……

三 -2. 工作計畫執行：

1. 由「山林書院」承辦，於年度保育、環保或 NGO 聯誼研討會中，頒發本感恩獎。

2. 「感恩素直人獎」內容：

　A. 獎金──20 ～ 30 萬元 (可調整)。

　B. 精緻獎座或小匾──載明獎名、日期、得獎人姓名、得獎人簡介 (受獎理由或事蹟摘要或簡介)、頒發單位或其他。

　C. 「感恩素直人獎」小冊──介紹得獎人較完整事蹟、相關資料、友人對其評價、圖片及其他相關資料。

　D. 其他贈品。

3. 委員會會議遴選受獎人：

　A. 「山林書院」長期搜集民間草根代表性人物資料。

　B. 公告、接受民間推薦、提供資料。

　C. 查訪、推行口述歷史調查。

　D. 提送委員會。

　E. 遴選委員包括發起人 (當然委員)、委員會指定人或前

屆受獎人（第二屆之後）。

F. 查訪、遴選原則、準據或標準：

    a. 對象通常為素人、素行，指草根弱勢或為環境、生態挺身、獻身的人士。

    b. 無私或獻身程度。

    c. 裸真赤誠程度。

    d. 對社會教化或感染程度。

    e. 投入獻身時程長短。

    f. 有無具體成果（僅作參考）。

4. 承辦單位工作計畫暨執行：

A. 聘僱專職人員 2 名。

B. 長期每日輯錄傳媒相關電子檔分門別類建檔（先行參考林聖崇先生、前悟弘法師之建檔方法，並前往訪問、觀摩等）。

C. 搜集全國環保、保育人物資料，陸續建立個人傳記，並進行口述歷史調查、撰寫。

D. 搜輯全國環保、保育各單位或個人工作或計畫報表（長期性）。

E. 每年輯成《台灣生態‧環保年鑑》，分二類，即電子檔版，以及文本摘要版。

F. 負責執行「感恩素直人獎」活動全部作業，於第一屆頒獎之同時，公告接受推介等新聞稿或記者會。

G. 專職人員同時負責「山林書院」工作計畫（未盡事宜，陸續補充）。

5. 前期作業與設備：

A. 工作地點：山林書院 (3F)。

B. 購置 2 套電腦暨相關設備。

C. 購置錄音筆、相機及配件等。

D. 由陳玉峯 (山林書院) 聘僱專職人員暨培訓有關作業。

E. 即日起實施之。

F. 設備採實購實銷，估計約 15 萬元。

四、發起委員會第一次會議決議

1. 日期：2013 年 5 月 14 日。

2. 地點：高雄市 Obit Cafe。

3. 發起人簽名：蘇振輝、楊博名、黃文龍、陳玉峯。

4. 決議事項：

A. 授權「山林書院」進行工作計畫，委員會交由「山林書院」統籌辦理，不必另外成立。

B. 發起委員或委員會人員宜考量全國各地區增聘之。

C. 名稱等宜採素樸原則。

D. 下次開會 (另訂) 提交初步工作進度報告。

※註：後來，幾經斟酌，考量人性差別心，以及「無功用行」的本質，筆者決定刪除本「獎」，只在現實界做隨順的事務！

輯三 社會

蟑螂與蚊子
——黑心油花邊

　　新近美國北卡羅萊納州的某份研究報告宣稱，使用葡萄糖當誘餌的殺蟑螂藥物，在一段時程之後，誘發該地的德國蟑螂突變，德國蟑螂的神經元發展出一遇到葡萄糖，立即懂得逃避，且這類突變的族群，數量越來越多。

　　不只蟑螂，長期在牆壁上噴灑殺蟲劑的結果，「導致瘧蚊改變棲息習慣，如今牠們已經喜歡停在天花板或外牆上了」。

　　諸如此類的研究或成果，都與古老英國工業革命之後，因為工廠排放黑煙，薰黑了原本白色的樹皮，導致停佇其上的白蛾，明顯突出，因而被捕食者大量掠殺；反之，突變為黑色的蛾族群，因棲地已改變為黑色而得到庇蔭，從而繁衍增加，以致於工業革命之後，白蛾變成黑蛾。此例證正是過往教科書上，用來說明達爾文演化理論的「最佳範例」，但也有人駁斥其乃造假之說。

　　事實上，上述說法或遣詞用字都不精確，而有違於達爾文演化論的精義。

使用葡萄糖誘餌的殺蟑劑、牆壁上噴灑殺蟲劑等，並沒有「誘發」德國蟑螂突變，也沒有導致瘧蚊改變棲息的習慣。要知，基因的突變並沒有方向性，突變是逢機的；演化論是分成兩大階段的，有了逢機且無特定發展方向的突變，加上後來環境條件變化所導致的選擇（天擇或人擇），才賦予族群發展的方向性或傾向、趨勢。

因此，不能說使用葡萄糖誘餌誘發或者造成突變，也不能說使用殺蟲劑噴牆壁改變了瘧蚊的停佇習性，而是，嗜停牆壁的瘧蚊被殺光了，逢機突變產生的嗜停天花板或外牆的瘧蚊由是而數量增多；是因人類使用葡萄糖誘餌殺蟑劑，殺掉大部分嗜吃葡萄糖誘餌的蟑螂，讓出了棲地或食物，引致突變族群（反葡萄糖者）趁機大量繁衍。

台灣一向是什麼樣的外來統治霸權，整體顯性文化就呈現什麼樣的人民或風氣；圖為ＫＭＴ「鎮暴警察」在台北街頭打壓抗議民眾。(2013.10.11；慈林展示照片)

然而，以上所有說法，絕非自然界的「完整事實」或「真理」，真相遠比上述解釋更複雜多了；真實的變數龐多，演化論只是單純、化約地，說出目前人類理性所能接受的相對「圓滿」的解釋罷了。生命並不違反物化定律與邏輯，但生命遠比人類的物化真理更複雜，人智目前仍然參不透。目前的研究結果如果可為科學界所接受，則不必做研究，只憑觀察、感受，我也可以宣稱，台中的蚊子近年來隨著氣候變遷，氣溫大幅上下振盪，導致台中多種蚊子的生活史縮短，不到一、二天時程即可孵化、蛻變成蚊；台北的蒼蠅因為大量噴殺、打殺等人為撲滅，演化出刁鑽飛快的新族群等等，或諸如此類輕率、不究竟的「偽科學」之辭。

　　再類推，人類社會的世代風氣、價值觀亦然。黑心油、毒澱粉、塑化劑等等現代化工魔術的演化，其來有自。早期農業時代，窮困人們遇有病死豬禽，不忍丟棄，以高溫、重調味烹調，勉強吃食，還分享左右鄰居，筆者小時候偶而會吃到鄰居贈送的此類肉品，但母親總是排斥之。

　　而在 KMT「好話講盡、壞事做絕」、「事看誰辦、法看誰犯」的領導風格下，台灣社會漸次由日治時代不說謊話、耿直行事、不可做否事誌的民風，蛻變為現今諸多「黑心人種」，或各階層的「骯髒權貴、『特種』行業」。毫無疑問，KMT、日本軍國的施政或風格，就是葡萄糖殺蟑劑、噴牆（行為）殺蟲劑，他們擔任天擇、人擇的導向機制。許多台灣人「相當於」昆蟲眾生界，善類在

3、4百年來傳承台灣優良文化的「隱性文化」，則以觀音法理潛伏傳遞著無善之善、無德之德的「無功用行」，維繫一縷法脈於不墜！典型的媽祖信仰被分化為兩派，如今殘存的跡象之一，即千里眼與順風耳的顏色被對調。全台幾乎唯一還維持明代千里眼是紅色的廟宇即筆者老家的北港媽祖廟（2010.9.7；北港朝天宮），可嘆的是似乎無人知曉此間奧祕！

反淘汰的管控下，數量優勢漸降；惡類族群則暴增。

於是，反映在現象界，配合工技發展、化工神技，在食品牟利面向，漸次由餿水油時代，演化出多氯聯苯、戴奧辛時代，進臻現今龐雜的黑心食物。

另一方面，工業革命迄今，人類創造或提煉出的化學物質，光是歐盟列管有案的就超過 10 萬種，其中，經聯合國環境規劃署 (UNEP) 指證，可能影響人體荷爾蒙的化學物質大約 8 百種，遍佈於食、衣、住、行的天羅地網，而台灣目前僅只列管 302 種；有人估計，台灣流通的化學物質約 7 萬 9 千多種，有誰清楚哪些化物對人體無害？這些鋪天蓋地的「殺手」，構成我們生活的環境，加上直接吃下肚的，難以估計的化物，即令完全忠誠於法規，也難逃於毒汙，遑論越來越多的「大統」毒品氾濫 !!

一個渺小的案例：雪山 369 山莊的酒紅朱雀，長期啄食登山客丟出的廚餘，導致鳥喙長出黑點、硬塊及黴菌，被毒死的更不知凡幾！

從演化論的邏輯推衍，要改變當今社會的龐多毒汙，最佳辦法就是換政權，且得經過數十年的風氣導正，才可能有差強人意的根本性變革！

書寫至此，突然接到《聯合報》記者來電問，該報今年度的選字，要筆者舉一個字作代表，我只好說：「假。」最足以象徵台灣今年的現象界。從 9 月罵王的嘴臉，到 10 月 5 次握手，以及黑心油的爆發（註：冰山一小小小角），上、下徹底是「假」！

末日危機清單

2013 年 9 月中，媒體披露「英美頂尖科學家的研究成果」，列舉全球的「末日清單」，也就是可能摧毀世界、危及人類生存的災難事件，項目包括 20 世紀人類最大威脅的核戰及隕石撞地球，以及 7 項「清單」：網路攻擊、生物恐怖主義、食物短缺、流感肆虐、殺人電腦、氣候劇變，以及戰爭。

如果傳媒的報導很精確，我對這些常人常識都普遍已知的「清單」很失望，它們最大的問題出在「以科技治理科技」的窠臼，或說，科技主義的盲點，始終不肯向右半大腦連結或融合的價值取向，或哲學議題。

所謂「網路攻擊」，實乃虛擬實境的另類大戰，可以導致人類抽象秩序，乃至倚賴電腦網路的必然風險，的確是 21 世紀可能性末日清單之一，但通常得連結其他的實質災難，例如金融財政、啟動核彈等等複雜網狀交互關係，而轉化為失序性或連鎖實質的浩劫。我將此類病變稱之為「科技之癌」，也可歸類為「戰爭」的廣義化內容之一。

台灣天災地變、土石橫流以 1990 年為分水大嶺；圖為阿里山鐵路 88 災變之後，懸空的鐵軌。(2009.12.11；二萬坪)

「生物恐怖主義」實乃 20 世紀「反基因重組」問題的延伸、擴展，可歸屬於傳統「瘟疫」的擴張版。最致命者，如今可輕易生產或製造。古老電影《變蠅人》等，老早就在預警此等災變。

「食物短缺」實乃古典「饑荒」，加上現代化通路的自掘墳墓，或文明生活的必然風險之一。

「流感肆虐」等同於傳統「瘟疫」，加上現代文明之打破海洋隔離的傳染溫床之所致。

「殺人電腦」，也就是 20 世紀末，阿諾主演的《魔鬼終結者》的翻版。也是科技之癌之一。

「氣候劇變」，二氧化碳等溫室氣體導致暖化的連鎖肇災。然而，近年來的研究卻逐漸動搖增溫的預測。又，美國 NASA 預測 2012 年太陽黑子的活動，直至 2013 年秋為止，不僅未發生，甚至反而蛻降；亦有人推論太陽對地球的影響將進入寒冷的小冰期。然而，此面向現今充滿變數，而現代文明或科技暨消費之癌，我認為即將再肇恐怖劫難。

「戰爭」，主因為人口劇增、資源日減，可能引發爭奪之戰。

也就是說，耗費鉅資的研究成果，約略等同於數千年來人類的三大災難：饑荒、瘟疫及戰爭，加上科技文明之癌。傳統的人類浩劫，基本上實與氣候變遷有直接或間接的網狀相關，且四者幾乎互為因果或交叉影響。可以說，

筆者計算台灣的山體崩瀉，在不開發的前提之下，必須花上 300-350 年才能趨向穩定。

所謂的末日清單，實乃古典災項加上科技或目前文明之癌而已！

　　事實上全球自 20 世紀下半葉以降，龐多宗教、藝文或文化界對科技及資本主義的檢討或反思，道德、價值觀或理念、信仰的危機或墮落，毋寧才是末日的主因，為什麼「頂尖科學家」一直欠缺整體觀的因果洞燭，迄今依然沉溺於科技決定論或科技主義的迷思?!

　　2010 年中，我前往美東作巡迴演講時，其中一套的講題「生界變遷析論與前瞻」，臚列台灣大劫難約 30 項，大分為三類：無機災難、有機災難及人為劫變（詳見山林書

院第一至第三梯次營隊手冊），同時由大背景、台灣政經史、台灣世紀變遷申論，乃至我們能做、該做的呼籲，包括台灣早該制訂超黨派、跨世代、超越意識型態的國土永世規劃暨政策總綱，不管誰當總統、行政院長，不論何黨執政，都該一致奉行的永世政策等等。

本短文只想提出台灣另一值得再三提醒的「末日危機」，也就是「傳媒劇毒」效應。

2、30 年來台灣傳媒每每在災難發生之後，動輒數日乃至一個月期間，唯恐天下不亂，極盡誇張地炒作恐慌，製

柳杉人造林在 88 災變的受害一隅。（2009.10.10；二萬坪）

造閱聽人對災難的彈性疲勞，進而麻痺、無感，不僅不能讓人民沉澱反思，頻常導致更多事不關己者「狼來了」的冷漠。

要知，最大的危機最常發生在大家都淡忘的時段，偏偏台灣的傳媒只在災難後，作瘋狂、飢渴式的報導，依據「彈坑原理」（砲彈剛炸開的坑洞，老兵都懂得跳進該坑洞最安全），災難後再度立即發生同類災難的可能性通常較低，最需要提醒、警告的是平常時段，古人說「居安思危」的道理即在此啊！

同理，平常時日，每隔一段時程，得提醒有無可能爆發核災、變種瘟疫，強震來臨時，你可以如何？如果台灣鄉鎮鄰里有套全方位基層都市計畫藍圖，大埔事件可能不會發生；如果全台公民早有經貿各行業動態計畫，不可能讓賣台者遂行服貿陰謀；如果平素不斷培養公民社會的理念與操作，怎可能選出靠愚民治國的凶狠獨裁；如果……

防災或末日清單必須在價值系統、人生意義上深掘，而非在意外、傷慟之上火上加油。事實上，幾乎所有的預測，都近似今年「搞笑諾貝爾獎」或然率獎的發現：

「躺下愈久的母牛，愈可能不久就站起來；而一旦母牛站起來，就很難預測多久才會再度躺下。」——通篇廢話！

防災必須深入瞭解生態的本質、因果結構關係，從而變成或轉化成為我們文化或人格的一部分。台灣人在921之後已進入第15年，常民對正常的地震認知增長了多少？

幾乎就是台灣基因的颱風豪雨，每次觀看傳媒的報導就令人氣結！

　　過往我強調，台灣有什麼樣的統治政權，才造成有什麼樣的人民；如今，只能說，有什麼樣的人民，才養出什麼樣的政權矣！

台灣傳媒

台灣傳媒的墮落已經到不忍卒睹了！

楊憲宏先生說：「台灣沒有『消息』，只有『行車紀錄器』。」

許多人抱怨同樣的「新聞」，24小時隔時段輪暴視聽。

也有人一聽到電視主播那種尖銳磨玻璃的噪音就頭痛欲裂。

有些人分析為什麼傳媒惡化至此：

「因為背後老闆的操控，傳媒工作者深怕踩到紅線，只找雞皮狗蒜事，貼貼網路，轉播打馬賽克的電影片段……」

「因為台灣的閱聽人順民當慣了，不斷縱容……」

「因為它這樣就賺翻了，幹麼它要改變？多『元』文化嘛！」

「台灣人一向邊看邊罵，但邊罵邊看！」

「天下本無事，除非看電視。」

「典型的『水煮青蛙』啊！20多年天天24小時吃、喝、玩、樂、腥、羶、下流嘛，你期待什麼改變？」

　……

　台灣數十年在如此傳媒毒化之下，閱聽人愈來愈輕薄、淺薄、沒耐性，而流於膝蓋反應，不思因果關係、結構性議題，稍微一動腦即七竅生煙、自動繳械。

　今之傳媒大致可分為兩大類，一為統媒；另一為非統媒。本質上，全為共犯結構，有奶便是娘，風吹草偃，那邊有錢賺就會倒向那邊。

　當然，我們可以寄望雲端網路，但更根本的思辨能力，毋寧才是教育的重點啊！然而，教育的問題？天黑一大半矣！一切還是得靠民間的力量啊！

民怨不怨

　　2013 年 9 月 19 日（中秋）午後，我由台中市福科路開車經 74 快速路，欲接二高快官交流道南下。不料在烏日出口前開始大塞車。平常，這段路花約 12 ～ 14 分鐘，這天，創下二高通車以來，我無數次記錄的破天荒，整整耗時 1 個小時又 17 分鐘才接上二高，是正常值的 6.42-5.5 倍。

　　車到匝道端才瞭解，高公局利用匝道紅綠燈管制車輛進入二高，每逢綠燈只開放約 15 秒，因此，進入二高前堵車好幾公里，締造了比人步行還慢的空前記錄。平常我由快官到嘉義中埔出口不到 1 個小時，這天，光是要進入二高前，前堵塞遠比在高速公路上的時間還長。

　　官僚很厲害，藉由這種「辦法」，維持高速公路的「高速」，並宣稱他們調配有功！還有種種配套！這類的「宣稱」，大抵視行車人是算術白痴！

　　當然我們理解，大水管沿線進出小水管的道理，且隨各種不同目的地，短程者，你得避開大日子走高速公路的路

徑，但我不知道全國行車人有多少比例瞭解這問題！而究竟多長的高速公路路段叫「短程」，乃隨著總車流量，作動態的變化，以台中到嘉義總不該說是短程吧，為何快官匝道要管制成 15 秒的綠燈呢?!

各條快速路、高速路裝設龐多的監視系統，又有大量的回報資訊，為何調配人員無法彈性調整？

民怨在每個小細節！想到有大腦的變種水母，之前高呼「節能減碳」，再目睹如今的「九二共識」，究竟誰人才是超級水母啊?!

社會的病氣
——阿嬤的故事

　　1961 年，台灣還在赤貧的時代，鹿草有位少女得了一種怪病，尋遍群醫始終無有起色。後來，循口碑來到嘉義菜市場邊的「黃外科」診所。

　　黃伯珍醫師檢查病懨懨的少女後，鐵口斷言該少女沒病，充其量一肚子蛔蟲，下下藥拉出後就好了。然而，少女堅持她有病，要住院。

　　於是，糾纏間驚動了「先生娘」蔡玉珠女士。在蔡女士循循善誘下，少女道出原委：

　　少女在糖廠砍甘蔗，辛辛苦苦地掙了點錢，好不容易去剪了一塊布，想要做件「one-piece」（註：上下連身衣），剩下的布料好意地要給姐姐做件上衣。無疑悟姐姐變心，私下跑去裁縫家對調，可憐的少女只剩半套衣。她很生氣，氣到生病，病到奄奄一息。

　　「先生娘」瞭解病因後，拿出一塊精美布料，遞給少女說：

　　「這簡單啦！我剛從日本帶回來這塊布料，很漂亮，妳

去做套裝吧！」

　少女的病，果然痊癒。

　1950 ～ 1990 年代，嘉義市名聞遐邇的「黃外科」，靠藉的不只是宅心仁厚、醫術高超的黃醫師，更有個在乎因果關係，深富同理心、同情心，且始終立足基層、關懷草根的心理諮詢達人蔡玉珠女士，他們不僅妥善地兼顧患者的身與心，還延展社會、國家的大義。

　2013 年 8 月 10 日，我再度聆聽 87 高齡的玉珠阿嬤系列故事，內心暗忖，如此的巧心慧命，一旦往公共議題推展，必然掀起一番氣勢吧?!

蔡玉珠阿嬤的金玉良言、苦口婆心有若警世洪鐘、擲地有聲。(2013.8.10；高雄)

蔡玉珠女士與黃伯珍醫師伉儷情深，其夫婿乃一代名醫大善人。（蔡玉珠女士提供）

「我對前來就診的患者，會先探問他們家境上有無困難。許多的所謂『病痛』，日文說『病氣』，病由氣來，病因找出來，往往不藥而癒啊！」阿嬤加註。

「最近以來，從在軍中被虐死的仲丘案；土匪政權強拆民房的大埔案；偷偷摸摸出賣台灣的服貿案；一旦事故必造成有路無人走、有茨無人住的核電案，我對現今社會國家實在真失望。

「今天早上我告訴兒子，**有國才有山河，而不是有山河才有國**！所以啊！今天馬××要出國，讓他去，我們台灣人可以趁機宣布獨立啊！把它亂起來啊！難道這些不能

說、不能做？……」

　　果然！我想像著一位 87 歲的老阿嬤，被軍憲手銬腳鐐下，高舉雙手、大聲疾呼：「台灣獨立萬歲！」的電影畫面，其氣勢、激進，較之「明日或今日拆政府」如何 ?!

　　馬統霸權要出賣的，不僅是 2,300 萬人民，不僅是世世代代，更包括 3 萬 6 千平方公里、出海 250 萬年的寶島台灣啊！究竟是何等的黑心烏肝，在山河破碎、十萬危急的土石潰爛下，還要罷廢水土保持法，還要讓環評法閹割大去勢 ?!

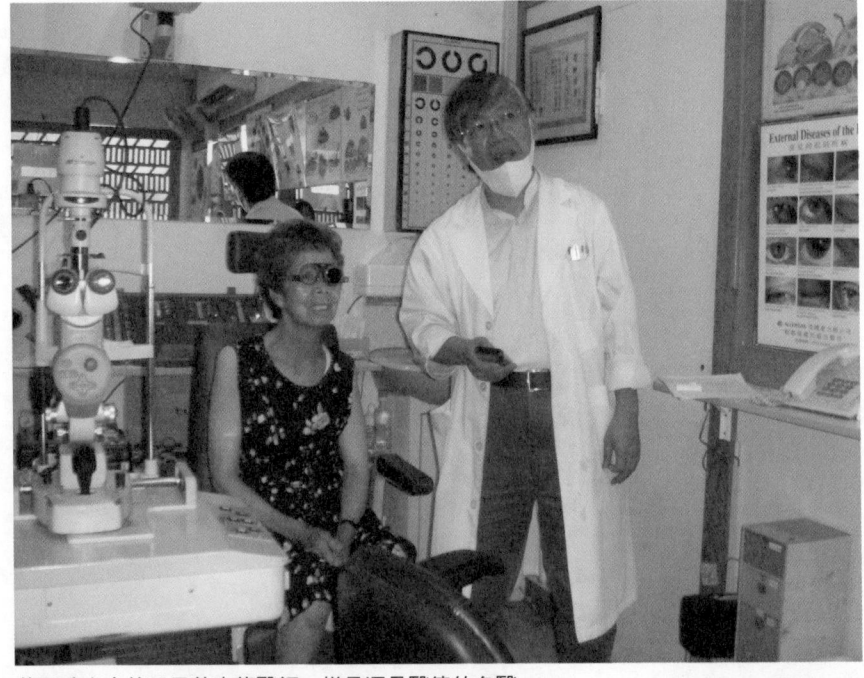

蔡玉珠女士的三子黃文龍醫師一樣是深具醫德的名醫。

龐多手無寸鐵的台灣善良弱勢，個個要累積多少怨氣才能覺醒？整個社會火山，要積壓多少不幸才會爆發?!或者，整個台灣只願是半套洋裝的少女，奄奄一息?!

　　玉珠阿嬤的日記本上有段話，我將之題名為「磨心石」，如下：

「風勢、雨勢，勢勢驚心；風聲、雨聲，聲聲椎心！

　國事、家事，事事煩心；國人、家人，人人痛心！

　人心、民心，心心俱疲；你心、我心，心心瀝血！」

　偉哉，玉珠阿嬤！

阿嬤的話

楔子

活過 60 歲以後，我才確定原來人心無年齡，只是個人造化、遭遇或時代典範的差異展現，當然，每個人的人格特質也是主因。

一般描述老年人，常是徘徊在老舊機器的黑色笑話或點滴，眼前大我 27 歲的玉珠阿嬤，卻是以古典的智慧回應：「聽說你要來訪，這幾天我就認真找資料，但找出來的，自己寫的，自己也看嘸咧！我這個沒滋沒味的老人，你要給我添加胡椒鹽，讓我多點活力呢！是歡喜吧，也有一點點壓力！」

阿嬤邊收拾雜物邊細念著：「老人乞食命！日本話 si-mi，也就是舊的惡習慣都洗不掉哩！Ki-Ki-Ko-Ko 也是美露里 (melody)……」

再訪玉珠阿嬤

關於蔡玉珠女士的故事，我曾經在 2012 年初訪談過她

（請參看〈黃文龍醫師〉，收錄於陳玉峯，2012，《台灣素人——宗教、精神、價值與人格》，前衛出版社，81-185頁），大致上也瞭解玉珠阿嬤的人格特質。她是20世紀台灣人的表率之一，雖然我已經寫了一部分，總覺得意猶未盡，套用她的話：

「……人與人之間，講不出來的東西真的太多，有時候可以說，許多時候不能說……」

這話有許多層次，我只引譯較籠統的意思：生命裏有太多的東西，語言無能承載！然而，我還是想畫蛇添足，進行2013年8月10日的這次訪問，浮光掠影地見證台灣20世紀的素人影像。

因為，去年的訪談她告訴我：「我日時想，暝時想，連睡覺都在想。我半暝起來寫，一段段、一張張，想想，寫寫，哭一哭……」而她一生可謂榮華富貴，苦從何來？悲何緣起？

我翻閱她的日常記事。談種花，她寫：「不同愛心程度的人，種出了不等程度的美麗與哀愁。」談家事，她說：「做肉包失敗，家人都不捧場，自己苦苦地吃！」書寫老人的寂寞，她敘述：「說睡不著也睡，說睡也睡不著！」談看護，她體會：「僕人眼中無偉人。」談教育，她認為：「教養才是國家、社會的基礎。」然而，斷章、殘卷之間，令她靈繫、魂掛、魄牽的是大我的寂寞，台灣的國殤：

「台灣人何時才能擁有自己的國家？」

「今天是2‧28，每次這個紀念日總會讓人想起，做台

灣人的悲哀！世界上真有神的話，怎麼這些壞蛋都不回收呢?!」

「賄選、Ａ錢、一肚子壞水的人，可能也比較會做事？這是什麼歪理？」

……

系列的天問，讓她「朝思暮想，寒暑俱忘，寢食俱廢，鬱鬱不樂」，2003 年 11 月 12 日，李前總統出庭，她「內心悲哀」，但只能在日記上寫長長的日文信給李；陳前總統的案情有何轉變，她長吁短嘆，久久不能自已；諸多公共事務、社會脈動，她一副身肩天下大任而憂國憂民。

像她這樣身歷 2・28 境遇的一代，固然我們這一代人可以理解，且其背後宗教情操的奧蘊，我也曾經解析，但一般人可以理解的觀念或價值觀是何？玉珠阿嬤堅持一生的原則是何？

☙ 從蘭潭之聲「阿嬤的話」談起

1980 年代台灣民主運動蓬勃興起。嘉義蔡○○議員參選立委，阿嬤以意識、理念相通，挺身助選。選舉結果，蔡○○本已當選，卻被「上諭」做票做掉了，當夜阿嬤也跟蔡○○前往市政府討公道，奈何「衙門」深似海，無功而返。蔡○○受挫後，設置蘭潭之聲廣播電台，希望阿嬤擔任台長，但因阿嬤的先生黃伯珍醫師反對，只去電台開了一個「阿嬤的話」的節目，做了約 3 年之久。

我問阿嬤在節目中都談些什麼？

「我談柴米油鹽醬醋茶，如何為人公婆、子女、媳婦等等，特別是婆媳問題，常有人 call-in 進來，我先客觀地勸說，依多面向、同理心疏導。若講不通，我就請堅持的雙方出來吃飯、聊天，盡可能化解，大家見了面總是很客氣。錢當然由我們出。後來我沒做節目了，外出時常會有人家問：『阿嬤！妳現在怎麼都沒在講了?!』……」

原來阿嬤的節目不只是節目，還包括實質的社會諮商服務，當然，阿嬤開講天南地北，政治、社會等公共事務，也在其臧否、月旦之內。

「兒子們偶而會對我說，我什麼都有了，只要顧好身體就好了，自己的兒女都未必能教得好，如何要求世間人能有同樣的想法？我如何為 2,300 萬人分憂解勞？橫直大家只要看到錢，什麼事都忘了，所有的事都可被錢蓋死了，所以兒子們都叫我想開。但是，我不是神，我無法放掉做人的基本原則啊！

「日、月、星辰都有其軌道。人性如太陽，明、暗各半天；月半月亮最明亮，16、17 就略黯淡，18 你得站著等，19 就得躺著等，20 睏睡著了月亮才出來啊！

「做個人，你得有個『樣子』，日本話叫『La-Si』，小孩有小孩的樣子，學生有學生的樣子，男女有男女的樣子，父母有父母的樣子，人啊，總是要有人的樣子，或說有那『款』，如今，各種該有的『樣子』、『款』都不見了，或說特定的『人性』多已丟失……」

♻ 做人的原則

「生命當中有意義的事情不甚多，活多久也不等於幸福的程度，病榻上的一百二十歲不叫幸福，必須身體能受心靈指揮，必須可以發揮自由意志，主體性可以自由自在才算是完整的一個人……

「……2‧28之後，嘉義、朴子地區許多醫生、知識分子都算是『狗死』，或說死得很沒價值，但像陳澄波，乃至後來的陳定南等等，有個原則而死，才算是有價值、有意義。我先生黃伯珍醫師雖然不甚出名，但他很守原則，他絕對不肯向錢勢、權勢低頭，在嘉義他以『否命醫生』尚出名。

「日、月、星辰有定軌，做人得有做人的法則、原則與格調，有那種型、款、樣子，因為這樣，即令犧牲、死亡，也很有價值。像那些有奶便是娘，吃爸偎爸、吃母偎母的政客，遠比菜店查某還不如。

「然而，原則有大、有小，Money talk？不盡然。

「現在的社會『白賊也是方便』嗎？

「我不以為然。有時候『白賊』好用而無傷大雅，例如你打電話給朋友，對方說：『真巧，我正想找你，你就打來了！』這樣的話常是假話，但這種白賊並不會影響別人的幸福，沒要緊，而攸關全體國民的幸福與未來，例如馬政權，2,300萬人的福氣都在你身上，你卻不斷白賊，每天都白賊，儼然國之賊也！事涉眾人、傷及百姓的白賊硬是要不得啊！……

「權貴們吃得飽飽，而傷天害理害人的白賊卻堆得比天高。台灣本來的條件太優越，偏偏長出這麼多外來毒蟲……」

我打斷阿嬤的義憤填膺，問說：「為什麼台灣人會出這麼多趨炎附勢者？」

「都為了錢啊！但台灣人會如此墮落，實乃5、60年來自中國的汙染所造成的！台灣人頭殼這麼優秀，台灣環境條件如此得天獨厚，不能再被糟蹋下去了！像核電、核廢料對全民、世代的重大或致命危機，台灣就這麼小，完全禁不起核災啊！台灣的山林土地、自然已經殘破得不成形，大地早就生氣、反撲了，為什麼台灣人還不覺悟？……」

世代的祝福

顯然的，玉珠阿嬤的大我情操性格濃烈，她天生是義人之流，而且很浪漫，完全符合西洋文學史上所謂的「羅曼蒂克 (romantic)」，也就是一種對崇高理想永不妥協的追求，而且，呼籲回歸自然，讓大自然引導個人，對真、善、美的追尋、冥思與慰藉。她的堅持，詮釋了西諺：志業未完成之前，人是不死的！(Man seems immortal till his works is done!）

在小我部分，我問阿嬤對子孫有何期待或寄語，她直接回答：

「沒有看法，兒孫自有兒孫福。世事難料啊！」

「年輕時我的神經很大條吔，但愈來愈纖細。一樣生，百樣死，人與人之間，能講得出的畢竟很有限啊！我但求做好自己。」

我凝視著充滿古典及生活經驗智慧的阿嬤，感受她那厚重的生活、紮實的人生，或許，只能以一種平寧、愉悅的沉默來回應。

解放台灣！

2013 年 4 月 14 日筆者在阿里山森林遊樂區，滿山遍地盡是陸客的繁囂中，意外地聽到帶團導遊的半段解說辭。該團當然是陸客，約 20 人，導遊由其使用語言方式判斷，最可能是中國人；解說地點是「琴山河合博士旌功碑」。

該碑乃是紀念底定開發阿里山檜木林技術性決策者——河合鈰太郎博士（註：政策性決策者即後藤新平），他被日本人尊奉為「阿里山開發之父」，1931 年往生後，1933 年 2 月在阿里山樹立了他的記功碑。這塊石碑的正面銘刻的九個字（如上），「博」字少一點，「功」字的力不出頭，刻成「刀」，據說乃因河合氏謙虛不居功，遺言不敢承受任何對他個人的尊讚，後人尊其遺志，故而如此刻法。

該「中國導遊」的解說大抵是依中國本位，轉引網上及其蒐集的資料，很中國化地舌粲蓮花一番，然後，話鋒一轉，立即扯到中國岳飛的「精忠報國」石碑，說是筆劃上也少了一點，當毛澤東一統中國之後，時人拜請他為該碑

補上欠缺的一點，「毛大爺說：『還不能補，因為台灣尚未解放！』」

姑且不論這類「侵門踏戶」的囂張行徑，台灣人感受是何、馬江政客感受如何、主管當局的反應又如何，筆者擬就教於國人的是：

1. 全球各國許多觀光勝地，收費常見採取本地人與外境人不同計價，或要求導遊必須是該國或該地專業者；特定景點更硬性規定，欲入園區必須聘請該園區的導遊。請問主管當局，「中華民國」對境內文物、各類景觀的內容，是否容許胡說八道、顛倒是非，甚至顛覆國格？

2. 眾所周知中資在台遍地開花，阿里山下其所投資的觀光飯店即將開張，很快地，陸客在台的觀光收益，也將「回歸祖國」；阿里山森林遊樂區暨阿里山公路近年來為

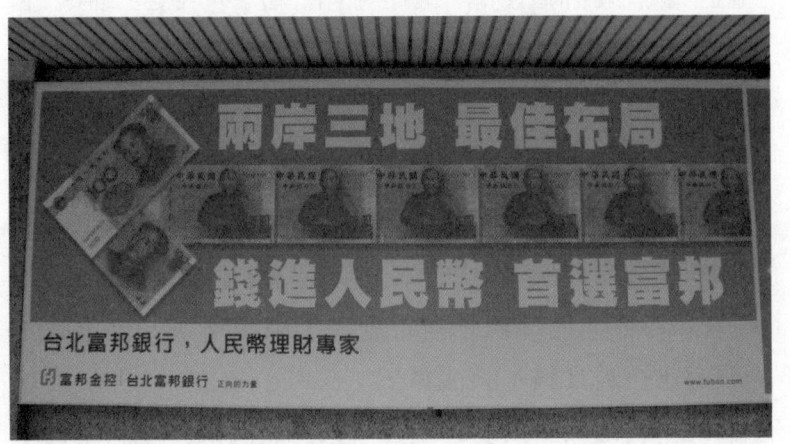

台北街頭的廣告：「兩岸三地最佳布局，錢進人民幣……」背後似乎隱喻著諸多政治語言？(2013.7.28)

鋪天蓋地的統戰陽、陰謀之外，台灣主體意識在自決與假民主之間漸次茁壯。「建立一個新而獨立的國家」；「我們主張台灣獨立」……正是台灣的現實困境，也是多數民心的願望。(2013.9.28；台中)

迎陸客，投資了多少億人民納稅血汗錢？每天數以千、萬人次計的陸客，夥同 150 輛大型遊覽車（以每日承載量 6,000 人計）來回碾輾的公路維修成本多少（各類汙染、耗損、軟體品質等等一概不計）？誰人得利、誰人受害，總體國家、社會成本總帳有誰核算？該不該估算？

　　3. 時下台灣最主要的力量在於民主制度及「無功用行」（註：純粹利他主義的禪門文化，無善之善、無德之德），我們可以容許

「五星旗、匪諜」、「為匪宣傳」滿街跑，而溫和的台灣人充其量碎碎念「426」，但薄弱的主體靈魂還能撐多久？弱勢了將近四百年的台灣人可以做什麼？有何媒體或單位可以稍稍加以申論？

筆者幾乎未有論述，但引「解放台灣」為例，懇請貴刊及國人針對陸資、陸客等龐雜問題或議題，加以深入的再探討。

當獨裁是事實，革命就是義務
——讓忠烈祠開展轉型正義

～一個民族或國家的歷史上沒有烈士是荒謬地，只能算是一群軟體動物的集合體，或說仍然處於次殖民地的境遇～

台灣走進文明史的數百年來，龐多的烈士迄今只被稱為冤魂或志士，而未能列位忠烈，得享國家祭典，且將他們的事蹟或典範長存世代，誠乃台灣的恥辱，也是這代人無可原諒的麻痺，不僅愧對先人，更是汙衊台灣人無脊椎！

台灣從荷據、明鄭、清領、日治、國府白恐與高壓統治下，例如郭懷一、陳永華、朱術桂（寧靖王）及五妃（袁氏、蔡氏、荷姑、梅姊、秀姑）、朱一貴、林爽文、張丙、戴潮春、森川清治郎、余清芳、莫那魯道、拉馬達星星、陳澄波、鄭南榕、詹益樺等等志士先烈，他們或依民族大義，或因主體自覺，或奉普世人性，他們犧牲小我，挺身抗暴而寫下一頁頁可歌可泣的台灣史詩，他們的正氣凜然、大義磅礴，早該入祭太廟，彰顯台灣靈魂的氣節、人格與神格。

我們今天在此，要為台灣先人烈士們進行遲來的正名，

也要為他們的神靈,進行一場寧靜革命。只有當他們得以入祭忠烈祠之後,他們的抗暴、革命或忠烈運動才算是寫下合宜的段落。

因為,要擊敗一個人的最佳辦法之一,正是毀掉他最引以為榮、為傲、價值繫賴、靈魂信仰的那一塊中樞部位;外來政權要統治一個族群、民族、國家的最佳策略之一,就是殺掉該族群等的神明,或信仰的諸神,以及摧毀該族群等的集體信心、歷史榮耀、共同屬靈的依據,讓個人以迄族群等,陷入一種自卑、自貶、自賤的迷途。

這項延遲了數百年的世代正義的伸張,其實踐的辦法或可由民間、國史館等籌組委員會,分階段全面訪查、考據,臚列、撰寫台灣人物誌,再從其中遴選,分批依特定儀式入祭太廟。

台灣歷來的神靈烈士早該榮獲轉型正義,這遲來的正名,只是小小的彌補。

一個人的權勢、財富、知識等等,終有完全消失的一天,只有大我的氣節及其大愛可以長存!台灣早該開始縫合顯性文化（外來統治強權）與隱性文化（庶民主體文化）天大的鴻溝矣!

延伸的思考:

⊙台灣的宗教與政治史

⊙日本人屠殺台灣草根烈士的故事

⊙國府治台以來的烈士

阿里山蓄水池的潛在危機

　　阿里山旅客及住民的先天限制因子之一即水源議題。早在 1976 年省府規劃今之阿里山森林遊樂區之際，即進行自來水蓄水池的工程設計（註：此之前，居民、業者以四處自行接管引水利用為主）。1980 年 6 月 12 日，1 萬 2 千噸（舊）蓄水池竣工，6 月 15 日起供水，而 1981 年前後，今之阿里山（新）第四分道火車站、商店、旅館區自沼平遷移而來，形成今貌且開始運作。

　　此一舊蓄水池完工迄今已達 33 年。當初設置時，係以鐵路運載石塊、沙、水泥、橡膠布等上山，先下挖後，將底層以重車夯實，上覆橡膠布（註：實際材料依目視無法確定）而成。此池由四周往中央傾斜而下，筆者在 2013 年 2 月 12 日的勘查時，「PLC 配電盤」上的水位指示在 4.437 ～ 4.441 公尺之間，滿水尚可再加深 1 公尺餘。

　　阿里山工作站退休的耆老陳清祥先生，多年來數次告知筆者，他擔憂舊式蓄水池的材料及當年工法，夥同 30 多年來的變遷，有可能引發潰池的危機。一旦潰決（註：橡膠

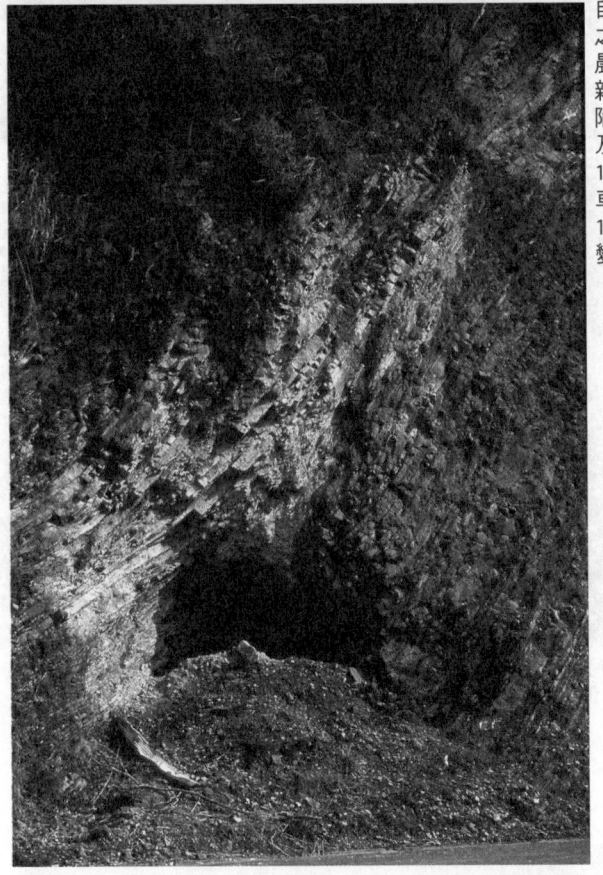

自來水蓄水池蓋在舊火車隧道之上；1992 年 10 月 7 日凌晨，阿里山上方，自來水公司新建 3.5 萬噸蓄水池突然崩陷，沖毀阿里山鐵路橋梁 5 座及路基 1.5 公里，火車直到 1993 年 2 月 26 日才修復通車。此水池後來裁縮，於 1995 年 1 月 20 日完成，蓄水變成 1 萬噸。

昇華宮左下方即 1992 年 10 月新建完成的阿里山第二蓄水池。由於該年 10 月 7 日凌晨崩塌，故裁縮為今之 1 萬噸蓄水池。此一新蓄水池當年誤蓋在鐵路隧道的上方。

蓄　水　池
型　式　長　方　型
面　積　3.5M×50M×6.1M
容　積　　10000 T

阿里山 1980 年 6 月 12 日竣工的舊蓄水池，容積 1.2 萬噸。

布下方若有土石流失，而橡膠布不堪水壓而裂陷）**，池水下灌，將直瀉今之火車站及商店區，則災難難以估計。當局有無必要洩水後檢驗，或重新依新工法重建？千萬不要等到災變發生後再作檢討。至少，水公司有無定期勘驗安全度？

此一擔憂絕非空穴來風。1992 年前後，自來水公司新建 3.5 萬噸新蓄水池，何其荒謬地，竟然蓋在阿里山森鐵水山本線的隧道上方。施工期間無人發現問題，而且，此間有一工人跑到舊蓄水池取水，不慎滑落池內溺斃（註：

中間有一階梯式的把手處，該工人未在該處取水，否則當不致於滅頂）。

完工後開始注水，尚在注水過程中，1992 年 10 月 7 日凌晨，新池轟然陷落，龐大水體瞬時下瀉，沖毀森鐵橋梁 5 座、路基 1,500 公尺，水公司理賠予林管處 4,300 萬元，且直至 1993 年 2 月 26 日才修復而通車。水公司也賠款予被沖蝕的山葵業者。

新蓄水池遂裁減原面積與容積，由原設計之 3.5 萬噸減成為 1 萬噸。

新、舊蓄水池相隔約百米，而舊水池位於更靠近新車站、商店區的上方。

　　新池裁縮之後，標示為「 3.5M×50M×6.1M 」（註：3.5M應是35M），勘查時新池水位為 6.010M，接近滿水位。而從新池旁下走至台 18 公路約 200 步，再沿台 18-91K 往 92K 檢視左側山壁，得知此地乃一般砂、頁岩互層的岩體，且間雜類似泥岩等易破碎的結構，故此地標示為易落石路段。據此，且參酌耆老的憂慮，加上水池暨周邊環境的勘查後，筆者認為今後的危險度的確堪虞，緊急籲請有關單位勘驗，而現今可做的立即處置，似宜降低一半水位，以防萬一。或至少應由水公司提出歷年安全度或類似的調查報告，以安住民及遊客心理。

　　（註：2013年底已見施工單位進駐。）

《逐路細說》代序

「沒有任何一片春芽，會記得哪一片落葉的滄桑，但每片落葉化作春泥更護花，每片春芽也將變成落葉」而世代傳承、相繼守護著我們共同的文化根系，以及集體的記憶。公路局、典藏文創的執事、同仁們，之所以辛勤編撰這冊《逐路細說》，正是要譜寫台18線所經歷的過往、現今與未來，一方面緬懷前人篳路藍縷、開創維艱的血汗付出；另方面琢磨留給子孫們何等的經驗與智慧，同時也期待反思與前瞻。

第一章交代阿里山公路的前身，年輕一輩讀來或有彷如隔世之感；第二章追溯從新中橫到台18的九彎十八拐大蛻變，對我個人而言，別有一番滋味在心頭。由於我曾經參與玉山國家公園預定地的生態調查與規劃，該時段正是阿里山公路從觸口上鑿到仁愛橋的段落，我徒步在開腸破肚、亂石崩雲的山體間調查植被。1982年嘉義阿里山段正式通車後，我經常在此間作觀察或研究，從一片茶葉也沒有，看到如今阿里山茶的蜚聲國際。此間，1991-

1993 年我計算茶農每淨賺一塊錢，台灣將付出 37 ～ 44 塊錢的社會成本，更發動環保團體封山示警，預估大災變即將來臨。1996 年賀伯降臨，阿里山公路首開全線阻斷的紀錄，接著 1999 年 921 大地震，而桃芝、納莉、象神踵繼，公路由黃燈轉趨紅燈。另因為我在 1984-1989 年間，任職內政部營建署國家公園管理處，見證了阿里山到塔塔加段落的完工，以及水里玉山段闢建的驚心動魄。也因為身在公職，稍可瞭解為何 1970 年代，國家 12 項重大建設的新闢三條橫貫公路會夭折，新中橫公路只變成水里繞塔塔加到嘉義的觀光道路。此中祕辛之一，在於當年若干菁英，透過「上達天聽」的不斷努力，獲得最高層的首肯才終止。

第三章相當於公路沿線的生態旅遊、解說或環境教育，且延展到大華公路與 169 縣道。

第四章的時代變遷，請容我加註以阿里山森林遊樂區為例的重大階段劃分。1912-1927 年，乃以二萬坪為指揮中心的伐木前期；1927-1976 年，即以沼平為核心的伐木後期，此間包括從日治到國府的鼎革，但阿里山的文化氛圍仍然維持日本的類型；1976 年 11 月 9 日凌晨，阿里山大火，焚毀大部分日式形制；1981 年迄今，可謂新阿里山時代，即以第四分道為門面的商業文化時期，而阿里山公路代表最後階段的新交通動線。內涵部分，限於篇幅，從略。

第五章敘述公路養護暨搶修的天使或無名英雄們，在在

2012 年 12 月竣工（當時尚未正式通車）的芙谷峩橋，代表阿里山公路正式進入老齡期。(2013.9.29)

令人動容，也延展出系列省思，予我無限感慨，不只不堪回首，特別在 88 災變之後，直是肝腸俱裂。不說開路、養路的專業人員，即令只是常走阿里山公路的尋常百姓，都可輕易感知阿里山公路的生涯，以賀伯到 88 災變為分水大嶺，從而步上老齡期。摩肩接踵、絡繹不絕的工程重車、陸客巴士，帶給阿里山公路前所未有的恐怖壓力，試問，有誰計算過安全承載量、永續承載量、環境資源總

帳？而二萬坪附近，飯包服山南北兩坡面，一為森林鐵路百餘年的撕裂帶；一為阿里山公路的大蝕解區，我調查後認為，此山至少在上層部分，並非一般具備砂、頁岩的結構體，而可能是造山運動某段時期的崩積區，一旦啟動蝕解，難保不久的將來，不會引發更大的潰爛。我甚至擔憂，21世紀上半葉，阿里山區到二萬坪地帶，或將有難以逆料的大浩劫。

個人一生的山林經驗，太多的山區衰老得比我還要快。百年台灣，經建未鼎盛時期，開路就是生計、就是命脈、就是錢潮；經建過飽和之後，浮濫的建設就是尾大不掉的累贅與負擔，更是災難與拖累後代的淵藪。日治時代阿里山森鐵已發展出傲人的在地技術與策略，橋樑、路段切割成一小段、一小段的獨立結構體，一遇損壞，旁側有候補材料或單位結構即時補上。寄語國人，在引進全球更先進技術的同時，莫忘先瞭解我們地土先天的本質；一些欠缺在地內涵的所謂「生態」或口號，其實只是反生態的變態！台灣山區的道路，更該思考，許多地區但維持林道以下的標準即可，不見得需要奢華的表面。

感恩、感懷台灣歷來難以計數的造路英雄、好漢，謝謝您們無怨無悔地付出；期待您們，盡可能將一生一世的在地經驗、技術及大格局或總體的思維，不斷地編撰記錄下來，更有權力、責任與勇氣，依良知說：「不！」我們永遠是土地的子民，從未「征服」過任何自然；自然永遠是我們的母體、性靈與一切的總依歸。地球生界的發展，從

來都是 Sigma 曲線，從緩慢進展到極速反曲點，再到平緩或趨水平的極限。國家終極目標即依各項目鏨定出飽和點（線），而所謂的政策，即擬訂出維持永續發展所該具備的辦法，因應外在因素產生的上下振盪，控制振盪可容許的範圍之謂。台灣公路的從業者，必也是如是的智者、仁者、勇者系列之一。是為代序。

台灣保育三十年有成
——寫在大爭議之前(一)：概說

一、前引

　　台灣以三萬六千平方公里的蕞爾小島，卻因拔地將近四千公尺，且約二百萬年來，躬逢地球四大冰河期及間冰期，形成今之八大植被帶（或生態帶，即高山植被帶、亞高山冷杉林帶、台灣鐵杉林帶、檜木林或針闊林混生帶、上部闊葉林帶、下部闊葉林帶、西部平原疏林帶，以及海岸植被帶），涵蓋氣候帶的熱帶、溫帶、亞寒帶等，是北半球氣候變遷、生物遷徙的「諾亞方舟」，原生生物豐富、多樣性極高，本土維管束植物即達四千餘種、哺乳類動物高達六十餘種，地區史料或方誌形容包括澎湖群島的「山羊孳生，數萬成群」，筆者也估算過荷蘭時代，年內平均一天捕殺梅花鹿 2,333 頭（當時只在特定季節狩獵，謹守土地倫理、法則），而從未在史料上見及「野生動物數量過多，危害生態平衡」之類的「新語言」，只聞開發及人為狩獵導致野生物式微或滅絕的說法及事實。

　　進入二十世紀中葉以降，由於百多條伐木林道長驅直入深山，野生物生育、棲息地被大肆破壞，加以野生物食

南一段由北向南走縱走的南橫登山口上蹭,下瞰已經消失的進涇橋。(2013.2.26)

MIT中央山脈大縱走南一段成員。(2013.2.26;已消失的進涇橋前)

補、食療觀念盛行的推波助瀾，各類型濫採、濫捕、濫墾猛爆進展，野生物黯然式微或近乎絕跡，保育觀念及呼聲始略見倡議。

1972 年台灣政府實施禁獵，且國家公園法、文資法等相繼制訂。1982 ～ 1986 年間成立 4 座國家公園及 8 個自然保留區，1986 年亦指定稀有、瀕絕動植物，野生動物保育法也送進立法院。然而 1970、1980 年代，非法狩獵亦達高峯期，1980 年代初葉，秀姑坪曾有一天一個獵人打殺 5 隻山羊的記錄。

千禧年前後以降，在山上活動的人明顯感受野生動物數量「大增」；近年來則頻聞野生動物不怕生人，聚集爭食人類尿液（特別是水鹿），「偷、搶」人類糧食，叼走登山鞋、背帶、登山杖或任何沾黏汗液的物品等等，甚至「違反」夜行性行為，大白天公然活躍於登山者行伍間。少數的調查報告或採訪記錄則標榜，特定山區水鹿的快速繁衍，有人推估 10 多年來水鹿數量「至少增加 3 倍至 17 倍」等，有人則駁斥為誇大其辭；有些片面說辭，例如「有多少千株台灣鐵杉」受害、被啃食樹種達多少種等，欠缺背景數據的數字迷思。甚至於有人引用外國資料，說是草食動物「造成樹苗生長壓力、降低生物多樣性、導致森林固碳作用降低、影響氣候變遷」等過度推論的浮誇用辭，於是，「獵殺控制數量，以免破壞生態平衡」的反射性意見應運而生，但其實長期以來不時有人倡議如此人本主義式的見解。

庫哈諾辛山（意即燕子）山頂，左起麥覺明、陳月霞、陳玉峯、阮桂瓊。
(2013.2.27)

　　2012 年 4～6 月期間，擔心水鹿成為台灣獼猴第二，「若不及早控制，恐將破壞生態平衡，甚至干擾人類」躍上傳媒檯面，獵殺制衡說當然順勢再度被推出。

　　另一方面，2004 年修訂了「野生動物保育法」，開放

原住民基於傳統文化、祭儀所需，可以獵殺野生動物，且以專案申請核准方式執行。2012 年 6 月，林務局公告「原住民狩獵管理辦法」，正式開放保育類的台灣長鬃山羊、台灣水鹿、白鼻心、山羌等，可以合法獵捕，因而引發保育團體質疑：公告原住民祭典高達 131 個，平均每 2.8 天即可申請一次狩獵，還不包括「生命禮俗」；2009～2012 年 4 月間，政府核准 303 件狩獵案，打殺野動 20 種以上，數量超過 2 萬 6 千隻，卻有 8 成以上未依法回報物種與數量；獵多報少；有無商業行為等等。

此間，非法獵捕野動的案例不可勝數，單單以個人遭遇為例，2007 年 3 月 12 日筆者在塔塔加鞍部發現警車內的 3 隻山羌、3 隻飛鼠、3 把獵槍，盜獵者竟然是警察；2008 年 12 月 26 日夜間，筆者在大鬼湖之前的雨古亭，目睹獵人只花數十分鐘，即獵殺了 2 頭母山羌，且當場宰殺烹食，遑論全台動輒獵殺數十頭野動的案例難以計數。

以上簡述其實包括所有的國土利用任何分區，例如國家公園的生態保護區、非保護區或保留區的國有林班地、原住民保留地或傳統領域等等，各有不同的適法性及問題，應先區辨再論議為宜。

本文僅先針對國家最高保護(育)分區的國家公園生態保護區，或文資法指定的自然保護區等，討論野生動物(水鹿)的「經營管理」，包括獵殺的人為控制行為，特別是從植被生態角度的思考，而暫不涵括原住民的狩獵議題。上述，筆者遭遇的塔塔加警察盜獵案即發生在玉山國家公

園的生態保護區；大鬼湖的案例即在文資法的雙鬼湖自然保護區境內。

筆者論述的依據在於約 37 年來的植被調查經驗與著作；在玉山國家公園擔任保育暨解說教育課長的經歷；研究狩獵的曾經；乃至近來例如 2011 年 8 月對楠梓仙溪林道永久樣區的再度勘查、2013 年 2 月 26 日至 3 月 8 日中央山脈南一段的勘驗；同時，訪調山林達人、揹工，以及同行研究者等，並參閱若干研究報告。

為避免龐雜議題交互相關的朧腫複雜、專業與科學分工的冷僻，只約在常識可理解範圍，分門別類條例簡化敘述。

二、台灣野生動物保育 30 年的初步成果，是政府施政最值得肯定的政績之一

1. 整體而言，以玉山國家公園為例，1970 年代、1980 年代初葉，稍大型哺乳類草食動物只能逢機驚鴻一瞥，因為獵殺壓力甚大，1981 年 11 月 15 日玉山北峯測候所內的大鍋湯就有山羊頭；1988 年 11 月 9 日清晨，在南二段達芬尖山下小屋旁水池，筆者看見 1 隻山羌喝水，警覺性甚高，瞬間逃逸；1985～1989 年間筆者任職玉山國家公園期間，頻常出入各山區，但僅見過一、二次山羌體型以上的野動。

2. 就野動排遺而言，自 1988 年起漸次增加，至 1989 年內對園區內的總評估，筆者下達「玉山國家公園範圍內因

台灣鐵杉頻常是海拔 2,500-3,000 公尺之間，脊稜岩盤地的捍衛者，其盤根牢牢抱住立地，故而其泰雅名 ya-pa，同於「爸爸」，也就是說爸爸應當像鐵杉之保衛立地般地捍衛家庭。(2013.2.27；前往關山下)

為四鄰山區狩獵壓力，野動遷徙入園，導致野動數量漸增」的判斷，但礙於過往壓力，終之 1980 年代野動的警覺性仍然甚高，野外難以在白天目睹。可以說，1980 年代末葉，玉山國家公園的野動因匯聚四鄰「難民潮」而增加。

此現象達成當初國家公園成立的初衷之一：「狩獵行為無法根絕前，提供台灣野生動物的避難所。」（註：1986 年12 月營建署張署長語）

台灣鐵杉剪影。(2013.2.27；前往關山下)

3. 1990 年代，玉山國家公園內因「移民」及在地族群的孳息，加以相對保護效應，野動數量開始在地增加。唯所有生物性族群增長大多呈現 Sigma 曲線，筆者推估，直到 1990 年代末葉，各種野動族群數量始告走向 Sigma 曲線的反曲點（最快速階段）之前，而且，大抵依體型大小而有慢、快之分。山羌體型最小，數量增加最為迅速；山羊、水鹿體型較大，孳長較慢，此即為何東大生命科學系 10 餘年前在玉山裝設自動相機，每 1 千小時只拍到 0.5 隻水鹿的原因之一。

4. 千禧年之後的 2000 年代，如楠溪林道上下山區的山羌族群有可能族群已越過反曲點，特別是 2006 年前後，一開始則顯著浮現於 2003 年。2006-2008 年間，山羌族群有若割草機般，淨空林下、林道兩側的雙子葉草本，導致牠們拒食的人為植栽，帶異味的紫蘇逸出，蔚為楠溪林道的紫蘇狂潮。然而，依據楊國禎教授在楠溪林道超過 10 年的永久樣區調查、比對研究，山羌對森林組成的影響不顯著。

此乃依據地表草本植物等，由食物判釋的間接證據，筆者在 2011 年 8 月的勘調之後推論，2010 年代楠溪林道山區的山羌族群，有可能因為食物的欠缺、掠食性動物的出現、盜獵、疾病或其他因素而開始走下坡。但所有的預估，必須奠基在族群的真實調查、分析與了解，才能進一步佐證或否定。

約 2009 年以降，水鹿的局部族群例如排雲山莊附近，數量增加，自動相機每千小時拍到水鹿達 8.8 隻，是否達到反曲點無人知曉，據報導，東大林良恭教授認為係因威脅水鹿的雲豹可能已滅絕，水鹿沒有天敵，因而快速繁衍，還警告：「若不及早控制，恐將破壞生態平衡，甚至干擾人類，成為台灣獼猴第二！」但筆者不敢苟同。

可以確定的是，經由保育 30 年，台灣終於突破過往半個世紀以來，野地難覓大、中型食草野動的窘境，讓入山者眼界為之一亮，也很可能引發盲點。

5. 玉山山塊如此，推測雪山山脈亦然，但時程可能延

遲了數年，大抵依不同國家公園管理處成立的年代而順延。至於中央山脈脊梁地區，依據《MIT 台灣誌》2012年底至 2013 年春，40 餘天中央山脈大縱走的拍攝記錄及觀察，水鹿族群數量最可觀者首推能高安東軍的白石池，但此段落其他高地水濕窪地數量也不少，例如屯鹿池等；大南三段只要有水塘存在，多有水鹿族群；南二段如大水窟，以及沿線各水塘，特別是嘉明湖等，到處可見水鹿，南一段自關山以南，水鹿排遺漸增，及至卑南主山下（三岔峰下營地），2013 年 3 月 5 日、6 日，筆者目睹水鹿族群 20 隻以上。

換句話說，整條中央山脈脊稜兩側，針葉林帶及高地草原，如同登山者之以水源為限制因子，水鹿的生育地亦環繞水源，而以之為生活領域中心。

6. 掠食者如黃喉貂約在 2000 年代數量顯著增加（訪談獵人）；低海拔石虎族群數量亦漸可觀，以致於近年來形成保育團體在中部保育的標的；數十年來被視為已經滅絕的頂級掠食者台灣雲豹，經訪談原住民山林達人明確表示，1990 年代末葉已經出現在○○○溪、○○溪（○○林道），有獵人則在 1997、1998 年間，於○○○○○溪谷，連續兩度看見雲豹，不啻為台灣的自然生態保育帶出震撼性曙光，若得證實台灣雲豹「重現江湖」，誠乃台灣生界新的大紀元來臨！

山林達人們強調，過往台灣雲豹的探索或研究被狹限在南台所誤導，忽略了更寬廣深山崇嶺地域的中、北部地

台灣鐵杉林的霧靄。(2013.2.27；前往關山下)

台灣鐵杉的造形藝術。(2013.2.27；前往關山下)

區。理論上及獵人的見聞符合生態原則，草食者與獵食者的族群消長必有段時差 (Time lag)，台灣雲豹之可能重現，值得大大期待，一旦確知，亦將打破 IUCN 等世界保育界對物種滅絕的定義，乃由台灣龐多高山性生物島嶼的續絕存亡，譜寫新典範。而熊鷹、大蛇等陸空其他高層級消費者皆將新現。

綜上敘述，筆者認為 2010～2020 年代，將是台灣山林生態系之野生動物，能否走出黑暗世紀 (20世紀) 陰影的關

鍵性 20 年。不幸的是，2012 年 6 月，有關單位已經打破 40 年 (1972～2012 年) 禁獵的關口，開放了合法打獵的恐怖危機！

筆者衷心盼望全體國人及官僚系統深思，台灣好不容易才突破滅絕性島嶼的汙名，今後 20 年約略是自然生態系大翻盤的關鍵，若能循禁獵之軌跡，則食物鏈、食物塔的金字塔可望重建，政府數十年保育政策才能開花結果。否則，為山九仞，功虧一簣，誠乃台灣生界的大悲劇，徒然滯留半吊子不上不下的打殺階段，如小花蔓澤蘭在該撲殺的最早階段，任憑已故的作家陳冠學及筆者大聲疾呼無人理睬，卻選擇在反曲點的猛爆傳播之際，年費數億元養癰遺患，永難根治之遺憾！現今主張在國家公園靠人力獵殺水鹿的人，只消稍稍拉長視野，正視自然生態系各大階段及交互關係網，或可了解筆者的強調所為何來。

三、水鹿族群增加與植被 (物) 的關係

2012 年 4 月中旬傳媒報導，台灣高地水鹿族群數量暴增多倍，「造成大片樹林枯死」；「南二段、新康橫斷步道沿線兩側 10 公尺的樹木，都有遭水鹿啃食及磨角痕跡，總數逾八千株……」云云，還有鳥類研究者追加「樹木枯死可能造成保育鳥種的族群減少」，邏輯上似乎無誤，但事實是何？

筆者在未勘驗之前不予置評，但遠在 1986 年即在楠溪林道設置永久樣區登錄一草一木；2001 年以降，楊國禎

教授踵繼在同地複查，2002年楊教授已察覺永久樣區林下及林道，深受山羌、水鹿、山羊的干擾，多次與筆者討論野動與植群動態的相關。88災變之後，2011年8月筆者會同楊教授至楠溪林道會勘。另一方面，筆者於1988年11月3～11日，針對南二段設置151個以上的樣區，一步一腳印全面勘調植物社會，南二段南北兩端地區更有多次、多樣區的調查；1988年6月21～26日、1989年7月12～18日、1989年9月6～14日等時程，則調查南橫三山、向陽山至新康山的植物社會，成果詳見拙作《台灣植被誌(第五卷)：台灣鐵杉林帶(上)、(下)》(2004年)，也就是說，報導所敘述的水鹿「危害區」的植物及植群，筆者或可謂知之甚詳，但2012年報導見世後，筆者仍然不予論述。直至2013年2月26日至3月8日期間，由南橫上躋關山，由北向南縱走南一段至卑南主山，再循卑南主山北峯、石山、溪南山而出藤枝，詳勘水鹿對高地、草原、冷杉林、鐵杉林的干擾，2013年3月11日再度與楊國禎教授討論相關細節之後，在此始予首度簡述水鹿與植被的相關。

以下條例，僅論述若干現象與原則：

1. 依據筆者南一段勘驗得知，鐵杉林、冷杉林及兩者的交會區，其族群更新良好，老、壯、中、青、幼木完整，枯立倒木老腐參差其間，大氣候變遷、立地基質的變動、火燒等複合因素，以及概率、意外事件等，皆可影響今後變化。

冷杉林。(2013.2.27；往關山下)

2. 位於稜線、岩生環境或立地的鐵杉分幹甚早，由於其樹齡分佈涵蓋各齡層，無法證明其與水鹿行為有直接相關，更可能是風折與生育地使然。

3. 冷杉或鐵杉更新的幼齡林，的確多存在小林分的死亡現象，但死亡區的範圍多以 5 公尺直徑內為多，幾乎沒有超過 10 公尺的範圍。致死成因有水鹿環剝所造成，有林木更新過程中的自我疏伐 (self-thinning) 作用，有無法判斷的案例。以保育 30 ～ 40 年的水鹿族群增長的推論，會同死亡林木的樹齡比對，有些林分的確可證明乃水鹿效應使然，但一些林分又不盡然。

冷杉林夕照。(2013.2.27；往關山下)

冷杉林夕照。(2013.2.27；往關山下)

關山。(2013.2.28；關山前營地，海拔 3,500 公尺)

4. 台灣高地針葉純林（玉山圓柏喬木林、冷杉林及鐵杉林）的更新是否遭受不可忍受（臨界或難以復原）的標準，依筆者數十年的勘驗、調查的經驗，或可以該森林林木平均高度，或母樹的樹高為嚴苛的半徑為準，也就是說，一株 20 公尺高的冷杉，可以確保在以它為圓心、20 公尺半徑的範圍內為可復原區；一株鐵杉高 30 公尺，則 30 公尺半徑範圍內為更新的安全區。此乃依據林緣效應而來的應用。

准此，即令水鹿破壞幼齡木「甚嚴重」，筆者所勘驗過

的死亡林分，無一不可復原，皆在植被更新的能力之內。以筆者畢生研究結果，以及目前所知的案例，可以確定水鹿效應皆在安全範圍內。

5. 在小尺度的時間範圍，或說小樹、苗木被水鹿吃掉或啃死之後，就說 10 年至 100 年之間好了，水鹿連續啃吃或弄死何地苗木、小樹長達 100 年的概率有多少？但一株鐵杉的母樹可以存活 4〜5 百年，甚至更久；冷杉的平均樹齡為 350 年，在其生幅 (life span) 中，總有許多機會建立更新木，遑論 2〜3 千年的紅檜或更高齡的玉山圓柏。台灣高地針葉樹苗木、小樹的損失效應，遠比一時看見其枯死的感受小得微乎其微。然而不能說沒有影響，水鹿的確

玉山圓柏雄花穗。(2013.2.28；海拔 3,500 公尺)

庫哈諾辛山。(2013.2.28；往關山途中)

可以延遲更新或演替，例如筆者認為，南一段存有廣大面積的台灣刺柏灌叢，台灣刺柏以其硬尖刺的葉片抵禦野動的破壞，因而受到水鹿傷害的程度不若鐵杉、冷杉嚴重，可能因此而 30 ～ 40 年來，蔚為灌叢或小喬木林遍佈南一段。

　　6. 以稍長時間尺度，或新近氣候變遷導引下的植被帶變

化而言，水鹿族群大增將產生何等效應？筆者於 1981 年的自行研究，以及 1983 年參與調查太魯閣國家公園預定地植群時，在石門山下的冷杉、鐵杉交會帶的樣區，首度證明台灣植被帶正往上遷移；2007 年筆者公佈台灣海岸植物 30 年來往北遷徙 30-80 公里，此等北移、上遷，殆即現今俗語的「地球暖化或增溫」的效應之一，但筆者視同間冰期的增溫、上遷現象。

1990 年代藉由大鬼湖沉積層的鑽心樣品分析得知，西元 420-520 年及 1,350-1,800 年期間，大鬼湖沉積了來自中國戈壁的白色沙塵帶，說明這兩段時期乃小冰川期（平均氣溫較現今低了 1°C）由西北風帶來台灣沉積者。也就是說，從 1,800 年迄今，台灣才是更明確的，最近一次的植被帶小上遷時期。

問題是上遷的速率有多快？上遷機制及其細節是何？還有龐多的相關問題與議題似乎無人研究。筆者的研究幾乎可確定 1990 年或其前後，正是台灣植物大變遷的分水嶺時期，或說 1990 年以降，氣候變遷已在台灣的植被帶造成顯著的表徵影響，但 1981 年筆者即已證實上遷。

理論上，植被帶上遷代表面積或生育地愈來愈窄隘，植群對外來干擾將愈趨敏感或脆弱，則水鹿族群量 30 年來增加，「嚴重地」啃食鐵杉、冷杉小徑木、苗木，其水鹿效應是否將愈趨強化？（註：全台海拔 3,000 公尺以上面積僅占 0.9%）

然而，植被帶上遷的最近時程不過 2 百多年，一株冷杉、鐵杉的壽命 350 ～ 500 年，除非暖化作用在短時程內

殺光所有老樹，否則2百多年來的增溫1°C或上遷，其實質變化將或已被老樹效應所淡化，以目前為止的水鹿變化的數量及時程，影響可謂微乎其微，反而是暖化對水鹿的影響更值得探討。

至於什麼「降低森林固碳作用，影響氣候變遷」怪罪到不會講人話的水鹿身上，實在是莫名其妙、胡說八道，試問國家過往砍伐數十萬公頃的原始林，龐多開發案摧毀林野為何無人在乎「固碳作用」，可憐好不容易有點兒生機的水鹿族群招誰惹誰，竟然得承受天大的指控？何謂比例原則與事實依據？今後實不宜用電子顯微鏡的尺度說鬼話！

7. 水鹿與植物或植被的關係，依據筆者口訪楊國禎教授並反覆討論與勘驗，擇要如下：

A. 台灣高地（在此指約海拔2,500公尺以上）如南二段等地，松林之與鐵杉林之所以常涇渭分明，或說松林常難以演替為鐵杉林，水鹿等野動可能擔任某特定角色（註：推測水鹿清除了松林中的鐵杉苗木）。

B. 一般認為杜鵑屬植物對哺乳類動物可能有毒 (Anthomedotoxin, C31H50O10)，水鹿卻對大型灌木或小喬木、大葉片的「石楠類杜鵑」（例如森氏杜鵑、玉山杜鵑、台灣杜鵑等等），以及小葉、小灌木的「躑躅類杜鵑」（例如紅毛杜鵑、台灣高山杜鵑等等），一概啃食，但啃食卻有不同植株之分，水鹿不碰的同一種杜鵑植株則一葉也不咬；水鹿有興趣的植株則可以全株啃得只剩下骨幹！

則同一種杜鵑的族群中是否有多倍體、二倍體的分歧差異，而水鹿可以擔任天擇的機制？

C. 以換角的角度衡量，一年要吃下且累聚生長出 1～2 公斤的鈣質，則其鈣質來源是何？台灣植物已知最富含鈣質者，殆如蕁麻科物種，而中、高海拔常見的大量物種例如咬人貓、蠍子草、裂葉樓梯草、野牡丹葉冷水麻、盤花麻、水麻、水雞油等等，的確有受到啃食，則其與水鹿的關係是何？

一般認為水鹿等物種在冬季會遷徙下中海拔，其時程適逢新、舊鹿角更替，則中海拔蕁麻科植物對水鹿的影響，以及交互影響是何？

D. 水鹿對植物、植被的演化、演替或變遷的研究甚為有趣，但基礎研究幾乎掛零的現況下，無從下達真正有意義的見解或行動。敘述水鹿啃食多少種植物，多少株樹木致死等，在欠缺比較背景、數據下，無從論斷，甚至只會誤導，但任何基本研究皆該加速進行。

E. 目前所有已知資訊，對下達是否開放狩獵毫無說服力的基礎。筆者參與台灣最早期三座國家公園的資源調查與規劃，並在國家公園管理處成立後，任職墾丁及玉山兩處的解說教育與保育課，除非目前國家公園的宗旨已作重大改變，否則國家最高保護地區應該是國家公園的「生態保護區」，相當於國際上的「嚴正保護區」，是不允許人力介入的純正自然區，根本沒有也不必談及開不開放打獵等等「經營管理」問題。

玉山圓柏林。(2013.2.28；往關山路上)

四、基礎、長期研究與人才培育才是國家保護的關鍵

　　歐美國家的自然科學研究奠基於數千年哲學背景，加上至少4百年來普世化的博物學探索，才產生現今生物學、生態學的專業化細膩分工，其基礎或在地自然現象的調查、研究，詳實程度無與倫比，什麼樣的資料背景應有盡有，也就是說基盤穩固，故而要挑戰尖銳、先端議題揮灑自如。

　　台灣曾經在日治時代博物、植物、動物的研究達到相當水準，有些專業可與歐美並駕齊驅甚或領先。1925～1933的9年期間，鹿野忠雄 (Tadao Kano) 在雪山地區花了1,500個工作天，作野外觀察或調查野生動物，植物生態方面另延請台北帝大的細川隆英博士 (T. Hosokawa)，以及台灣總督府的佐佐木舜一（筆者最激賞的野外第一線研究者）協助，1940年才發表「雪山的動物地理學研究報告」！那種篤實的精神與苦功才建立些微的成果。試問30～40年來的台灣，在生物學、生態學的研究與成果有多少？

　　無論專家、學者或研究生在現今台灣學術界的「現實」條件下，有多少人願意投入吃力不討好的基礎自然研究？進行野地研究的計畫時程漫長，常常又乏「偉大具體的」成果，升等、拿經費、畢業都相對艱難；反觀民間或NGO等，有多少人有志趣、有體能、有專業知識、有支持背景，而得以投入相關研究工作？

　　在下達對野生動物的「經營管理」之前（註：筆者個人反對

此類思維模式暨行為），台灣對水鹿等野生動物，該具備何等研究後成果或資訊？(僅以水鹿為對象)

1. 目前全台究竟有多少水鹿？多少個族群？每個水鹿族群的棲地或棲息環境為何？每隻水鹿的平均領域多大？每年的上下遷徙路徑、範圍是何？台灣山區各類型棲地含食物等，其最高承載量為何？其食物鏈、食物塔、天敵、承載量的動態平衡內容如何？各地不同族群的健康狀況、年齡結構、生育能力、性別比例、出生率、死亡率是何？全台各地族群、個體的食性分析、行為觀察與分析、其與環境因子的龐雜關係是何？水鹿的全方位資料庫如何建立、如何監測、如何調節、如何是不同土地屬性的終極目標？水鹿目前之所以嗜食人類汗液、尿液等，其根本原因為何？無人的自然環境下，那些基本物質或元素的供需關係，乃至其短缺所引發的現象與問題為何？台灣鐵杉之所以受害嚴重，是因鐵杉樹皮具備哪些物質乃水鹿之所需，或僅僅因為水鹿的棲地恰好以鐵杉林帶為分佈中心？

水鹿在各地不同族群的數量多寡，之與各種植物或總體食物量之間的關係為何？有無週期、循環、消長的各種明確相關？各在地族群的行為如何影響植物社會的演替？對水鹿棲地或生育地的植物、植物社會或植被，得需瞭解到何等層次，才足以研究其與水鹿之相關？長期變遷（即自西元 1800 年迄今乃至往後）的研究主體與子題該如何擬具？需要何等工具、設備、人才、資訊及相關配套？各類型環境壓力或環境因子之與水鹿個體或族群存有何等關係或模式？

筆者於關山頂，海拔 3,668 公尺。（2013.2.28；陳月霞攝）

　　野動管理？人的行為管理？棲地管理？全國土地之不同分區適法性及策略目標之與水鹿等相關，該如何研訂、調整？一旦狩獵之下，其與上述各種現象的關係為何？如何建構模式化、數學關係的族群動態管控？誰來決定？為何決定？此間的人文社會背景為何？⋯⋯

　　以上只是筆者隨意列舉的問題或議題，試問全國有誰清楚？各管理單位有何資訊？主管單位如何在資訊貧乏中，下達何等保育策略或辦法？經營管理什麼東西？

　　2.台灣對山林、野動的充分研究可謂遲滯了數十年，今

後的社會環境或價值系統、體制運作，很難在短時程內改變多少，太多基本問題有賴於民間力量對這片土地、生界的些微回饋。而所有問題第一是人，第二是人，第三也是人（後藤新平名言），為突破目前社會制度及遊戲規則，筆者願意義務主事或免費協助如下計畫：

A. 6～10 年內培育台灣自然生界（野動等）專精人才 10～20 人。計畫補助、簽約各位種子人才每年百萬研究經費，連續 6～10 年，合計學員培育費用 2 億元。

B. 召募指導團隊（最好是義務指導教授、研究員等），配置研究儀器、山區野調所有揹工、物資等費用 1～2 億元。

C. 學員最好為原住民及非原住民各半，其可以在國內外各大學研究所深造者，可以不是。

以 3～4 億元、10 年內必可培育 10～20 位頂尖台灣山林專業長才，從而奠定台灣百年經營能力。相信以台灣現今的經濟能力、智能格局、遠見智慧，產經企業、公司行號必有仁者大德願意投入此等根本大計的奉獻 ?! 則後續發展、附加價值必將有超乎期待的成果。

筆者一生投入山林救贖，早已脫盡得失、私利，但願以殘生微薄心力，為台灣這片母親母土，善盡最後一絲天責。若得仁者、大德襄贊，筆者更願以半數時間，陪同年輕學子投入山林莽野共同學習！伊啦，福爾摩莎！

台灣保育三十年有成
──寫在大爭議之前(二)：
原住民狩獵議題

　　2012 年 6 月，林務局公告「原住民狩獵管理辦法」，正式開放保育類的長鬃山羊、水鹿、山羌、白鼻心等，可以合法獵捕，此之前，亦依 2004 年「野動保育法」修正原民「專案核准」可以狩獵。換句話說，台灣自 1972 年的禁獵已然瓦解，野動好不容易在體制禁獵、盜獵盛行下苟延殘存，更藉助國家公園、自然保留區等等不等保護程度的地域，取得紓解而孳息，且如水鹿、山羌等，終於在 2010 年之前，重現欣欣向榮的生機，筆者粗估，約在 2020 年之後，食物塔上端的掠食者也將紛紛出現，進臻中、高海拔山地自然生態系的完整與保育的新境界，然而，狩獵的開放，必將帶來野動的新恐慌與大危機，也讓 30、40 年的保育政策為德不卒、半途而廢，從而引發保育團體的不安與抗議，紛紛再度為野動請命。

　　據報導，2009 年至 2012 年 4 月期間，經政府核准的 303 件狩獵申請案，獵殺了山羌、山羊等 20 餘種、超過 2 萬 6 千隻的野動，且超過 8 成未依法回報物種與數量，若

鹿角尚未脫落的水鹿；啃食沾有人類尿液的玉山箭竹叢，連同竹葉吞食。（卑南主山北西方的三岔峰下營地，海拔約 3,150 公尺）

加上不為人知的盜獵，其數量必定相當驚人（過往 4 年，光是被報導的就有 131 件，而其只是冰山一小角），準此趨勢，台灣野動的慘劇，很可能將尾隨合法掩護非法的迷霧中再度引爆。

　　筆者預估，新屠殺業已展開，也將引發保育團體的二次革命，大爭議在所難免，此間，原文化的狩獵傳承，針鋒相對於保育團體的人道主義、自然平權、宗教情操，很快地必將產生劇烈的衝突或抗爭。

　　2013 年 2 月 26 日至 3 月 7 日期間，陳月霞女士與筆者，伴隨《MIT 台灣誌》電視節目中央山脈大縱走的最後「南一段」之旅，從南台首嶽關山，旁叉庫哈諾辛山，南向經

海諾南山、小關北、小關山、雲水山、馬西巴秀山，至卑南主山，再西北經卑南主山北峯、石山、溪南山，由藤枝驚險出六龜，勘驗南台高地生態系與水鹿相關的生態議題。此間與布農及鄒族朋友十餘人等，朝夕相處，交換對開放狩獵的議題。本文即依錄音紀錄，略加以引述。不過，當時原住民尚不知政府早已開放狩獵矣！而且，一般人分不清國家對各類土地的分區，更搞不懂龐多特別法的疊床架屋、莫衷一是。

此行，由於 3 月 2 日、3 日狂風雨霧，我們在雲水山與馬西巴秀山之間的鞍部多滯留了一天一夜，利用此空檔，由阿清及藍教官代表支持開放狩獵的正方；由陳月霞與筆者擔任反方，舉行了一場「辯論會」。其實只是個別的意

正在長鹿茸的水鹿。（卑南主山北西方的三岔峰下營地，海拔約 3,150 公尺）

見陳述，說不上什麼辯與論，而正方並非代表原住民各族，但也相當程度地反映原住民心聲；而反方並未曾反映保育或宗教團體的龐雜論述。

茲依山林漫談方式，夥同阿清私下與筆者的對話，一併於此紀錄。為求逼真於原味，不作化約論述，聊充此趟山林行的附記。

附記

阿清：多年來台灣環保、保育意識抬頭，各山區各種動物一直在增加，數量愈來愈多。我從小在山中活動，對動物非常敏感。我當揹工之前，是專業的獵人，具有將近 20 年的經驗。我以獵槍打獵，反對偷懶的人設陷阱捕捉，有種你就用槍打，打幾隻算幾隻；你放筴子、陷阱，一放幾百門，一天只收 10、20 門，你又吃不完，許多動物慘死在陷阱中腐爛……資源還很多，但我們需要什麼才打什麼；我們是狩獵的民族，我們看見什麼林相就知道有什麼動物；我們對山中動物的數量，讓它維持在一定的範圍；我們有分別，打山羌的只打山羌，不會打山羊；我們需要什麼動物，才打殺什麼動物。今天之前的這段路（註：指南橫進溼橋、關山至小關山之間），水鹿的數量還不夠多（註：馬西巴秀到卑南主山之間的南一

多隻競食同一叢箭竹。（卑南主山北西方的三岔峰下營地，海拔約 3,150 公尺）

段南段，數量才多了起來），再 10 年看看。我 10 年前在南一段幾乎看不見什麼水鹿，如今才慢慢增加中……打獵不要有商業行為。

（註：阿清表達了他的狩獵倫理、山林守則，透露了他的專業與經驗，強調需求與永續的概念。）

阿清：……有些地區水鹿太多了，牠們搶食我們的鹹魚，拖走背帶，還偷吃我的內褲，我要罵誰？我們吃稀飯時，水鹿把頭挨進來，伸出舌頭來舔，打牠、推牠都不走。我認為牠們就是我的食物……

阿清：我祖父在日治時代屬於公務人員，我們的土地很多，在部落中的地位高，現在呢，我們只是賤民。為什麼我們的自尊心會愈來愈強？這是社會、歷史所造成，因而稍微有點什麼，我們就反彈。你禁獵，我們就反彈，其實這也是自尊心裡面的問題。為什麼能丹不能讓它成立國家公園？阻力就是我們布農族。為何會有阻力？因為玉山國家公園騙我們嘛！當初玉山剛成立，口號說巡山員一定用原住民，現在呢？我看6成是漢人，原住民大約只佔4成。你們已經騙我們好多次了，難道我們還要繼續受騙？

原住民現今處境還是有被壓迫的感覺，因為槍枝、生活方式的差異。例如說你們的生活方式是開車，政府將車子沒收了，你當然反；我們的生活方式是槍枝，你把槍枝沒收了，我們當然抗爭。當年我們以狩獵來取得肉類，你禁制我們當然反抗……

現在我們的社會地位如何？大家心知肚明。現今全球各國早已是開放，且以贖罪的心態在對待，但台灣還持續在壓迫，還不准我們打獵；我們的文化已慢慢流失了，還不可憐（尊重）我們。政府、人民應該認同我們的想法、文化、

生活方式。

高山民族一向是以狩獵來過活，而動物永續；
政府不是禁獵，而是要教人民如何保育，如何
不能殺雞取卵。靠山吃山、靠海吃海，政府應
該指導我們如何吃，而可以永續地吃，如果沒
有去教導，一切還是歸零！

（以下則是在鏡頭前的陳述）

阿清： 狩獵是我們自古以來的生活習性、傳統文化。
自從政府禁獵後，我們的孩子只能吃豬肉，已
經忘卻可以吃內臟（註：指野動甜美的內臟），所以

鐵杉獸洞；是否為水鹿分娩育兒的獸洞也未可知？（高雄石山）

我反對禁獵，我阿公快要過世前，含著眼淚傳給我他的獵槍說：「孫子啊！你一定要會打獵！」我的槍是阿公留傳給我的！政府給我們一個人可以擁有 2 枝獵槍，但可以使用嗎？這只是玩弄、騙騙我們而已。南二段的樹木，你在路邊就可看到許多冷杉、鐵杉被水鹿啃食致死；有次在能高安東軍更誇張，水鹿偷吃我們的鹹魚、鹹豬肉，我要抗議……有次居然偷吃我的內褲。我支持打獵！

被水鹿啃磨環剝致死的台灣鐵杉幼齡林分；2013 年 3 月 6 日上午拍攝，有台灣鐵杉植株的死亡時間約在 2011 或 2012 年。（卑南主山北峯西下箭竹營地）

月霞：站在時序上來說，以前原住民是靠山吃山，從而
孕育了狩獵的傳統，但現在整個社會都已改變
了。以前原住民得靠打獵才有動物性蛋白質可以
吃，如今已經不需要打獵就有得吃。若要開放打
獵，必須要有系列很好的配套措施，因為台灣的
法律、規章每訂下來之後，就以合法掩護非法，
所以請正方提出配套措施，當然可以來討論。其
次，法規的遵守與執行能夠達到何種程度也是大
問題。至於水鹿問題，你不能怪水鹿，是我們跑
到牠的家來吃東西，水鹿以為你要給牠吃，所以
就來吃……

藍教官：自從布農有狩獵習慣一直延伸到現在，我們都還
想打獵。以致於我們的子孫都在問，我們的文化
如何傳承下來。政府開放槍枝，可是限於原住民
保留地，可是保留地內我們能打什麼？打螞蟻、
打蚯蚓？

筆者：剛才正方最主要的論點是原文化的保存，而月霞
提出的，是隨著時代的變遷，文化慣習都已改
變，其實，幾乎所有布農朋友都不再過著舊式
生活，之必須依靠野生動物過活。如果說不是
商業行為，而是基於（生存）需要，毫無疑問，我
想全球沒人會去反對非洲自然人打獵。在我個

人立場，我尊重原民傳統文化，問題是，你說水鹿多了，所以可以去打牠，事實上，自然界本身是隨著食物的增加，動物族群量就增加；動物增加後，食物又減少，動物族群量隨之而減少，是有（複雜的）週期交互關係，而人為介入之後，則又有新的動態干擾與變數。你們打獵的方式又與祖先的弓箭時代不同，如果你使用的是愈來愈現代化的武器，現在獵槍都有紅外線等，非常精準；如果正方可以提出合情合理的相關配套，且真能執行……因為所謂的「布農」，或許多原住民宣稱自己的族名，原意即為「人」（註：布農即人），而「人」就是自認為有別於其他人種、動物之外，具備智慧、慈悲、同理心等……且願保存傳統文化，兼顧永續倫理。你可以去觀察各種動物（或影片），老樹懶被豹子吃掉了，小樹懶無助悲鳴；老虎幼兒死了，母老虎三步一徘徊、五步一回首。我們人之所以為人，有其特性的。站在原民的內涵，本身就具備讓萬物孳息（的智慧），換句話說，如果今天採取有限度地開放，是能夠遵循原文化，並產生新的行為準則，且能形成大家的

被水鹿啃食、環剝的台灣鐵杉集中在小徑木（50年生以下）。（卑南主山北峯山腰）

　　共識，那有何不可？但必須承認永續、動物生存
　　權、非商業、更非投機取巧……若無相關配套而
　　貿然執行，我想對生態系、萬物皆有失公允，而
　　且還會褻瀆祖先原文化的內涵，請正方提出相關
　　措施而又維持原文化、布農人的智能（與人道等等）
　　方法。
筆者：所謂要否開放，其實正反雙方都承認我們是接受
　　體制的約束。既然接受體制的約束，就是說你要
　　做一件事情，必須考慮到可能性的種種後果。站

在原民立場當然希望打獵的維持與傳承；站
在今天政府及全民的立場，要去對待野生物
的狀況必須考慮的層面很多，因此，其一，
目前台灣野動的族群總算有點兒生息，這只
是保育剛開始的成果，目前所有研究的瞭
解，不足以支持我們能否像美國那樣，用何
等開放的制度、打多少數量等等，如果我們
有完整資訊，就可用來考量它的相關配套，
而正方的相關配套或具體辦法有哪些？是否

被啃剝致死的另小片鐵杉林分，其林地的玉山箭竹完全消失；推測此行為是
族群的集體行為；水鹿與台灣針葉純林的更新及演替問題，尚待探討。（卑
南主山下）

站在傳統領域，以傳統狩獵方式來進行？而且
非商業性，基於需要，且能保存真正美好的傳
統，同時，能將人與土地之間的倫理關係彰顯
出來，那未嘗不是好事……

阿清：此時此刻，原住民最需要的就是開放打獵，狩
　　　獵是我們的文化，我永遠不會放棄的。靠山的
　　　原住民就是永遠要以狩獵方式來取得我們的食
　　　物；靠海的原住民永遠捕魚吃海。如果政府要
　　　強制禁獵，那就請你們將所有船隻、槍枝沒
　　　收，因為山、海是我們原住民的冰箱，我支持
　　　我們唯一的終極目標。

　　　在我們布農的生活領域，到目前的動物都維持
　　　相當的數量，我們的狩獵有限制，動物懷孕期
　　　不打；我們只打公的，不打母的，小的也不
　　　打；若登山客上山，有動物的一定是布農族的
　　　生活領域；尤其我們不放陷阱，放陷阱會消滅
　　　太多動物；我們用獵槍，打一發才一隻，我們
　　　打得很慢；老人家有交代，有長鬍子的水鹿要
　　　打，因為牠的時日不多，乾脆給我們當食物。

筆者：從荷蘭時代在台灣獵捕的梅花鹿，就是限定特
　　　定季節與數量，考慮生界的永續平衡，但如今
　　　梅花鹿早已滅絕，布農的狩獵倫理當然也包括

這些。我曾經訪調過布農的十種狩獵方法，包括使用獵槍、設吊子、削尖的箭竹陣、洞穴陷阱、獸筴、石塊壓制法、弓箭……1980年代殘忍的獸筴一放數十、數百個，是因為密集狩獵才導致族群式微、政府禁獵。取下的肉當年多賣到山產店。目前台灣的行政系統、研究成果不足，開獵只會讓數十年的孳息毀於一旦。

筆者：如果杜絕商業牟利，有自治公約，有完善的資訊及計量，而且得以落實管控，人民能守法，能夠像阿清敘述的原民土地倫理與狩獵文化，開放自然是選項之一，然而，我懷疑、質疑目前的行政或執行能力，而且我們對山林族群幾乎是一無所知。

我們不能也不該只聽聞水鹿多起來，就膝蓋反應式地打水鹿。蒼蠅多了，打蒼蠅，人多了要不要打仗？什麼多了打什麼的邏輯不是個好方法。再則，我得強調，自然界通常沒有正反兩方對決的二分議題，對立，則一切易於淪為不好的結局，事實上它有種種可能性。今天，國人好不容易才建立了對山林生界的守護，我更相信以原文化的內涵與立場，更該由原住民來提倡山林的保育文化。我所瞭解的原文化，例

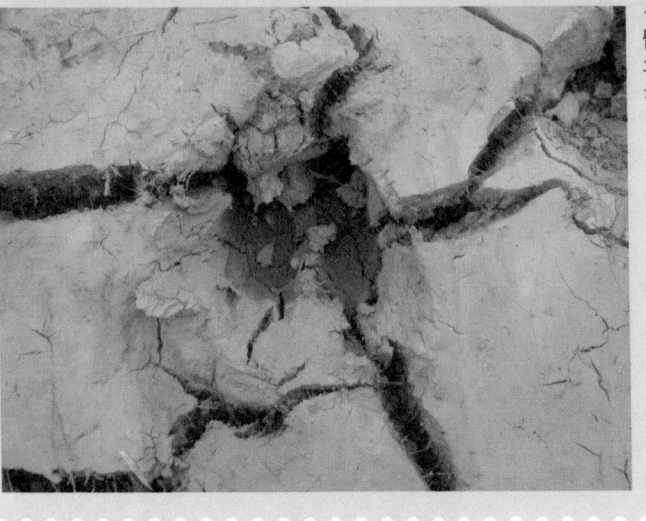

◀▲冬乾的水溢地遺
留有水鹿蹄痕，2013
年 3 月 1 日拍攝。(海
諾南山附近)

高地草原玉山箭竹；玉山箭竹高地草原的低矮體型乃多次火燒的結果，但水鹿的啃食推測亦有相關。原住民耆老強調，山羊與水鹿如果吃了高山芒，則被啃食的芒草就再也長不起來了，因為牠們的唾液中，可能具有抑制植物生長的物質？(海諾南山與小關山之間)

如大小鬼湖的禁忌與圖騰，將祖靈崇拜放置於該地，用禁忌來防止開發與打獵，避免過度開發、利用，引發土地的反撲；泰雅人之與山林生物等等，正是原文化中美好的土地倫理，真希望阿清們，可以將內涵整理出來，真正傳承下這些好的文化，而非二分對立，更不宜有情緒性的堅持。

筆者：其實，原住民今天之所以有強烈的反應，根本上是個歷史情結，在於外來政權、文化、人民，對原文化的不尊重、壓制或剝削，或輕易地否定所產生，從強制遷村到種種不公義的對待，以致激發你要怎樣，我就愈是要反對怎樣的心結。

過往，我與原民有多次、長期合作的經驗，讓生態研究知識與原民山地生活結合；我也曾投入原住民各種弱勢運動，不幸的是，後來也發現一些原住民的知識份子、菁英，卻將資源等等，導向私利或很不公義的方向去了。催生馬告檜木國家公園期間，北、竹、宜四鄉鄉長甚至同意讓我代表四鄉，研擬馬告檜木國家公園事業計畫等，擬將與當時行政院長游，在烏來信賢國小簽約，可嘆的是，隔天要簽約，今天下午卻「因某立委」政治因素而取消，功敗垂成。否則，當時規劃的內容，包括整個國家公園管理處，從處長、副處長開始，得有一半是原住民；所有營利事業的利潤歸在地部落；由考選部研擬培育、考試原住民公務人員新辦法等等，奈何！

我的思考很想從根源、結構面去規劃，絕非只

計較眼前一、二隻水鹿的內臟或蛋白質的吃食。目標可以擺在由原住民、原文化轉變為台灣山林、野動保育的、經營的第一先鋒，以及制度執行的結構群。如果你今天擁有更高明的生計，更美妙的山林文化，更美好的生活條件，你是否願意回到老祖宗的生活茹毛飲血？如果成群水鹿與人和平共處，形成台灣高地優良的世界登山觀光的勝地，你是否還堅持生吃飛鼠、水鹿的小腸？文化、價值觀是動態的，是人們賦予的，是感染傳播的，是創造性的，歷史沒有真正的回頭路；生命不可逆；演化從來不重複，原民土地文化也是與時俱進的活體，沒有必要以愈來愈先進的槍枝武器或工具，假藉傳統文化去殺雞取卵、趕盡殺絕，而只營取一丁點的眼前小利，也脫離原文化跟野生物、自然生界的和諧關係。

筆者：真正的問題在於心態、眼界，在於統治官僚欠缺同理心與承擔。過往的官僚系統文化，我很清楚通常不肯徹底瞭解癥結與奉獻，異文化的對待更欠缺客觀、尊重、全面設想，制度、法律、規章、辦法常常脫離草根現實面，難得幾個有心的公職人員，常常也只能無疾而死、有

高山芒的布農話叫做「巴爛(Pa-lan)」。（關山）

志難伸……3、4 百年來的悲劇從來都流行。數
十年來我的願景，全球各地保育策略的理想，
都是由在地原住民轉化為土地生界的守護者，
且蔚為時代的新典範……

（註：筆者不知道鏡頭何時停止，所有圍觀的朋友們也已散去，
筆者談到後來的話語，似乎喃喃自語，或像是向山林曠野作告
白……）

2013 年 3 月 11 日，楊國禎教授與筆者的討論中我們一致同意，以現今社會氛圍，政府已開放打獵，再經討論，很可能更加廣開後門。因為，愈開放，「優點」馬上看得到，缺點及實質問題則變得更加幽微；因為，未發生的事務(物)欠缺說服力；已發生的問題，人們往往心存僥倖而認為：「那不會是我！」加上山林野動距離文明生活太遙遠，對於大多數沒有野地經驗或際遇的人們，較難激發同理心、同情心。台灣生界演化了 250 萬年，卻在百餘年來

橫遭蹂躪而柔腸寸斷。然而，我還是相信上蒼有好生之德，我更相信阿清們底層的善良、美好與慈悲，筆者從他們身上看見更美好的未來！

1985 年筆者編出玉山國家公園第一本解說手冊，當時對台灣雲豹滅絕與否不下定論，手冊中但只畫出一條尾巴。（玉山國家公園第一本解說手冊）

台灣雲豹塑像，台灣雲豹可能重現江湖，或只淪為塑像憑弔，今後 20 年內必見分曉?!(嘉義公園)

　　2013 年 3 月 5 日傍晚，MIT 拍攝團隊登上中央山脈大縱走最後一座百嶽——卑南主山，主持人要每個人說句感受，我說我有一個願望：「過去數十年來我們一直在搶救山林，後來我才明白，並非我們在搶救山林，而是從來山林一直都在搶救我們！但願我們世世代代的子孫可以跟我們一樣，還可以看得到這片天造地設的美景，但願大家一齊來保衛這片土地！」這是我一生迄今唯一一次，登頂後淚流滿面。我們靈魂的底蘊，包括山林、野動、宇宙的一切，具有共同的來源與歸宿啊！

〈茄苳三部曲〉一：
茄苳 (*Bischofia javanica* Blume) 總說

釋名

被植物分類學界歸屬於大戟科 (Euphorbiaceae) 喬木的茄苳，乃 1825 年 Blume 氏所命名 (學名)。種小名 javanica 即說明首度採鑑地為印尼的爪哇，而屬名則係 Blume 為紀念 G. W. Bischoff 教授，取其姓氏拉丁化而來，乃單種屬 (這屬植物僅此一種)。

學術上，除了拉丁文的唯一正確 (符合國際命名法規) 學名之外，各國、各地的在地稱呼，習慣上一概叫做「俗名」(common name)。

由於茄苳廣佈於印度、印尼諸島、馬來西亞及菲律賓群島，北延蘭嶼、綠島，台灣本島的海邊、平地、低海拔山區，南至熱帶澳洲、太平洋諸島。中國則見於長江流域以南。

台灣原住民例如恆春地區的俗名叫「ツオゴ」(金平亮三，1936；331 頁)；泰雅族 (溪頭) 稱為「Abahuuehen」、排灣族叫「Tuou」(山田金治 (許君玫譯)，1957)；日本人統治台灣

茄苳果序。(2013.6.18；台中市)

尚未成熟的果實。(2013.6.18；台中市)

時，以茄苳的木材紅褐色，因而日本俗名叫做「アカギ(Akagi)」。後來，有些台灣人也跟著說茄苳的「別名」叫「赤木」；在台華人或台灣人自古以來皆叫「茄苳」，這是台灣的「正俗名」。

而「重陽木」這俗名是出自中國南京地區；廣東、廣西的俗名叫「秋楓」，因為兩廣地區的茄苳入秋會變色，英文的俗名也就是跟著兩廣俗名而叫「 Autumn Maple Tree 」(英文另一俗名為 Red cedar)，事實上，它跟 Maple 是毫無關係的。在兩廣地區茄苳的花期是 3～4 月，被視為泌蜜產粉量多的蜜源物種之一。中國的俗名另有「楸楓」、「大果重陽木」、「紅桐」、「水紅木」等等 (林盛秋編，1985；277、278 頁；林渭訪、薛承健，1950；121、122 頁)。

謝阿才 (1963) 的「諸羅縣誌錄植物名考 (六)」記載的俗名更多。中國的《植物名實圖考》(南京)，以及《中國樹木分類學》採用「重陽木」一名；山東叫「赤木」；四川叫「胡楊」；四川成都謂「紅桐」；廣東叫「秋楓」；亨利氏〈中國植物名錄〉及《植物名彙》採用「烏楊」；福建慣用「茄苳」；甘為霖編的《廈門音新字典》使用「甘棠樹」(註：顯然是由台語「茄苳樹」轉音而來)；台灣全島及日本人的《台灣植物目錄》則使用「茄苳」，但台灣清代的《諸羅縣誌》及《台灣府誌》書為「加冬 (樹)」。

查《諸羅縣誌》等清代方志的確使用「加冬」，但到了日治時代連橫的《台灣通史》已變成「茄苳」：「樹大，木色黑，極堅緻，製器難朽，葉可為藥。」而日治時代皆

書為加上草字頭者，據此推測，「加冬」是清代華人的書寫，日治後變成「茄苳」。

結實纍纍的茄苳，吸引大批鳥類。(2012.10.11；台南六甲)

奇怪的是,茄苳與在台華人開拓史息息相關,但在方志上卻幾乎無資料,例如《重修台灣府志》只記載加冬（樹似冬青），其他方誌相若。筆者認為最主要的緣由,殆因統治與被統治、顯性與隱性、官方與俗民文化的差異之所致。

而「茄」字,如果用在蔬果類或草本植物,讀音為「ㄑㄧㄝˊ」,例如番茄、茄子、茄科植物;如果用在樹木類,則讀為「加」或「jia」,例如茄苳、五茄科。

🦜 台灣茄苳的採鑑

雖然原住民、早期在台華人早與茄苳結了不解之緣,如上述,台灣歷來卻罕見深入地談或論述茄苳,而且,由於低海拔或平地的原始森林又是最早被消滅者,茄苳的身世或故事益發不可追溯,但植物學上,茄苳卻是最早被採鑑的物種之一。

台灣茄苳標本的採集,屬於最早期歐美人士的探險階段。研究史上第一份正式標本的採集,可能是 1854 年 4 月 20 日,蘇格蘭人 Robert Fortune 於淡水所為。而如英國皇家植物園 (Kew) 標本館、大英自然史博物館、美國國家標本館等,收藏有來自淡水、高雄等,各地的早期採集品 (Li Hui-Lin, 1971)。

歷史上台灣第一份具學名的「台灣植物名錄」,即 1863 年,羅伯特‧斯文豪 (Robert Swinhoe) 所發表,其中,當然包括茄苳。

✑ 一般形態

台灣樹木學泰斗的金平亮三 (1936；331、332 頁) 記載：

茄苳乃半落葉性 (deciduous) 大喬木，直徑可達 1 公尺以上。樹皮常以薄鱗片狀脫落。三出複葉互生，小葉卵形，長約 6～20 公分，鈍鋸齒緣。雌雄異花異株。花無瓣，腋生且從葉痕上方抽出。圓錐花序，花色黃綠。雄花萼 5 瓣，雄蕊 5 枚，花絲短，周圍有不完全雌蕊著生（註：准此，可能雄花原本為兩性花，後來雌蕊退化、萎縮，形成雄花）；雌花的萼片早落，子房 3 或 4 室，花柱分歧狀。漿果球形，直徑可大到約 1 公分，種子 3 或 4 個。產於全台平地、山麓。木材紅褐色，中等硬度，木理粗糙，乾燥時略反捲，使用前浸水，濕潤地區的木材保存期較長，台灣人輒取為建築用材，有時做為紫檀木的替代品。其他用途如水車、桶、臼、槌、樂器等。

謝阿才 (1963) 則敘述如下：

落葉性大喬木，高可達二、三丈，幹直而具有灰白色樹皮；樹冠球形，樹皮薄而常剝落，幹徑五、六尺，分枝甚多。葉互生，三出掌狀複葉，小葉有柄，橢圓形或卵圓形，長二寸至六寸半，寬一寸半至二寸半，邊緣波狀，革質而滑澤。春日，葉腋開小花，綠色，不具花瓣，排列為圓錐花叢；雌雄異株，雄花具萼片五枚及雄蕊五本，雄蕊潛藏於萼片之內；雌花有五萼片及退化的雄蕊；萼片早落；子房突出，三至四室，每室內有二胚珠；花柱線狀，全緣。果實漿果狀，球形，豌豆大，赤褐色，熟則藍黑

色；種子黑褐色而有光澤，披有皮紙質之種皮。

其敘述地理分佈有謂「閩粵兩省為多」；用途則說：「木材供建築之用，或製傢具、樂器，或為橋梁枕木；果實漬鹽可食；根，煎服之，用以治遺精（筆者註：難怪茄苳雞列為補品）；嫩葉絞汁生服或煎服，有治肺炎之功效。」

上述兩版本殆為台灣茄苳一般敘述的日人、台人的典型，至於近數十年來龐多描述的記載，多為東抄、西抄，通常沒有真正觀察、記錄的文抄公版本，略之。

然而，這些敘述但只傳統簡約的描述，欠缺詳實的全方位觀察，而茄苳值得深究。

☙ 與生態或演化相關的形態

茄苳曾被歸屬於具板根的植物，例如蘇鴻傑 (1977)，其可能受到劉棠瑞 (1956) 的影響，然而，依筆者全台調查經驗，不同意茄苳有何顯著的板根現象。允稱最特殊者，在台灣最接近熱帶雨林氣候的蘭嶼島上，茄苳竟然出現「支持根 (stilt roots)」現象，也就是由樹幹高處，長出木質、堅硬的不定根，下伸至地中，支持樹幹的現象（劉棠瑞、林則桐，1978）。

有些茄苳樹幹上見有許多「腫瘤」或樹瘤，有人認為並非病害（例如吳功顯，1990；67頁），但筆者觀察許多茄苳大樹後歸納，樹瘤並非正常現象，至少應有外來物理性傷害之所致，但真正原因尚未明瞭。

關於樹冠、樹形或樹高方面，有人將茄苳列為「樹形

優美」的觀賞植物,而敘述其樹冠為「圓葉形」（蔡振聰,1984；59頁；註：不知有無筆誤?）；有人認為「樹冠球形,自然而優美,為最佳綠蔭樹種」（路統信、鄭瓚慶,1983；301頁）,殆應是忽略其與環境因子相互作用的關係,事實上樹形等,得視其生長環境及其本身的遺傳因子而定。依據筆者長年調查、觀察的歸納,以下兩點為重點:

茄苳在東南亞、南亞,或赤道熱帶雨林的原族群,多為高聳直立型大喬木,例如筆者在印尼蘇門答臘赤道附近的「熱泉森林公園 (Hot Spring Rimbo Panti)」,確定台灣茄苳、白榕的社會（或榕屬植物）,乃茄苳熱帶雨林的最北分佈。蘇門答臘的茄苳樹高多達 40 公尺以上,且其側枝幹並不平展,截然不同於台灣的族群,而類似龍腦香科高直林木的造形。而台灣的茄苳多在 15 公尺以下,且樹冠因側枝幹的平展而平鋪,冠幅半徑甚至超過樹高（陳玉峯,2010；93、94 及 254 頁,圖見於 252 頁）。

筆者推測,台灣的茄苳乃最後一次冰河期結束之後,才由東南亞跨海來到台灣,或說 8 千年前以降,藉由鳥類、其他動物或海漂進入台灣者。進入台灣的族群,可能因為季風、颱風效應,導致矮化過半的現象,且現今或近世以降的台灣茄苳族群以矮闊樹形為大宗,只有少數植株尚存祖先高挺、直立的樹形,例如金平亮三 (1936) 的《台灣樹木誌》332 與 333 頁之間的舊照片所示。

台灣環境因子天擇之下,適應於溪谷潤濕地的茄苳族群,發展出平展樹型,恰與大葉楠高聳型之爭取陽光的策

略，形成兩大極端。而茄苳的平展型已然成為普遍的遺傳特性。一般而言，森林中的喬木，如果生長在旁無遮攔或妨礙的開闊地，其樹形常呈橢圓或近球體，但茄苳仍以平鋪延展為主趨勢。

因此，有人在設計行道樹植栽距離時，茄苳與樟樹並列為台灣最寬的 10 ～ 12 公尺級，例如劉棠瑞、應紹舜 (1971)。

筆者認為此一平展策略，乃茄苳適應台灣風土而能成功的主因之一。

關於葉的長期演化方面，三出複葉的茄苳，其小苗初長出的葉片皆為單葉，依「返祖現象」的假說，或可推測茄苳的老祖宗乃單葉，而三出複葉是後來才演化出者。

關於花的演化方面，茄苳的雄花周圍具有已退化的不完全雌蕊，雌花則反之，符合植物演化學上認定的：由兩性花演化為單性花。而茄苳尚保留此一演化過程過渡時期的特徵，因而算得上是演化上的活證據。其實，台灣此類植物不少，例如台灣朴樹 (郭城孟，1990) 亦然。

☙ 物候

李順合 (1948) 登錄的「主要林木生長現象調查表」，關於茄苳，11 月變紅葉；12 月落葉並吐新葉芽；2 月為花期；10 月果熟。

章樂民 (1950) 記載台北市林試所的植物園樹木生活週期，茄苳係在 1～4 月萌芽 (幼葉初展至新葉形成期)；2～4 月為

開花期（由花蕾形成至花謝止）；結果期 10～12 月（由幼果期至成熟期）；落葉期 11 月至隔年 1 月。

廖日京 (1959) 觀察、登錄 (1956 年 3 月至 1957 年 6 月) 台北樹木生活週期敘述，茄苳於 1 月上旬至 2 月中旬為花蕾期；2 月下旬至 3 月中旬開花；4 月至 12 月或隔年 1 月見有果實；果熟期由 11 月、12 月，延至隔年 2 月；落葉及新葉芽開展皆在 1 月份。

黃松根、呂枝爐 (1963) 針對高雄縣茂林鄉林試分所六龜的扇平工作站，海拔約 750 公尺的林地，記錄歷年主要樹種的花、果期，茄苳的花蕾期為 4 月中旬，4 月下旬盛花，5 月上旬花落；5 月下旬成果，10 月下旬果熟。

徐渙榮 (1965) 記載台東縣太麻里鄉與金峯鄉海拔約 100～500 公尺區域樹種花果期，茄苳於 4 月下旬為花蕾期，5 月中旬盛開期，7 月中旬落花期；8 月上旬成果，10 月下旬果熟期。然而，其敘述該地區：「每年遭受颱風之災害，一至三次不等……往往能見其開花而不能見其結果，或見其結果而不能見到其成熟期，必須歷時二或三年始能完全見到……」

邱慶全、吳清吉 (1966) 登錄雲林縣北港防風林工作站標本園防風樹種花果期，茄苳於 4 月下旬花蕾期，5 月中旬盛花，7 月中旬落花期；8 月中旬成果期，10 月下旬果熟。然而，筆者對此數據之完全同於台東太麻里等，深感「困惑」！

蔡達全 (1967) 記載嘉義縣中埔鄉中埔分所澐水林區，海

▲▼茄苳在台灣被歸屬於產粉植物。(2012.10.18；苗栗灣寶養蜂巢)

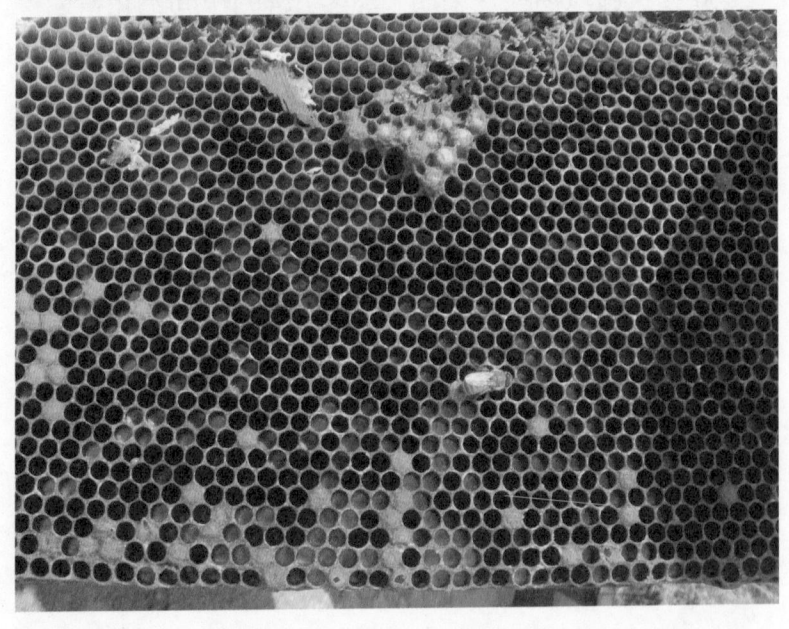

拔約 180～200 公尺林木花果期，茄苳於 4 月中旬見花蕾，4 月下旬盛開，5 月上旬落花；5 月中旬成果，10 月中旬果熟。

張榮財（編）(1967) 依據何豐吉在南台記錄，轉錄茄苳於 1 月下旬至 3 月底為新葉萌長期；開花期為 11 月下旬至隔年 2 月底；果熟期為 10 月；落葉期 11～12 月。對此數據亦令人「困惑」。

劉儒淵 (1977) 撰〈植物物候的觀測〉一文，輯附「台大校園樹木的生活週期」，關於茄苳的數據，完全採用廖日京 (1959) 者；蘇鴻傑 (1977) 則登錄墾丁地區的花期為 4、5 月。

林文鎮 (1981) 之輯錄綠化樹種資料中，茄苳的花期採台北之 2～3 月，而 1～2 月新葉長出、舊葉掉落。

楊武俊 (1984) 取林試所中埔分所的茄苳，詳實測量種子數據，其登錄的花期為 4 月，果熟採種期為 9～10 月。

徐國士 (1985) 記載墾丁地區茄苳的盛花期約在 2、3 月；結果期 8～11 月，但早期花在 12 月、1 月可見。

吳功顯 (1990；67 頁) 輯錄者，謂茄苳為：「常綠大喬木。1～2 月落葉。花期 2～3 月。果期 3～12 月。」

葉慶龍、洪寶林 (1993) 解說屏東林區雙流遊樂區的常見植物，敘述茄苳為「半落葉喬木」，花期 2～4 月；果期 3～12 月。

以上舉例，或為氣候尚未明顯大變遷之前的茄苳物候，各地呈現歧異現象，而不同觀察者之詳實性、取樣多寡、

精準度等，以及環境因子、立地實況或不同年份的天氣大異，難以從上而歸納出中肯結論，僅附為參考。1990 年代以降，以氣候變遷，全台物種物候必須重作系統且標準化的觀察記錄與探討。

而茄苳的落葉問題，乃因它通常在冬末春初大量落葉，且緊接著或重疊發新葉芽，以致於雖然年度葉片全面更新，但更新的落葉期很短暫，故而從金平亮三 (1936) 以降，概以「半落葉性」來形容茄苳。相較之下，樟樹先長出新葉，然後全面掉落去年的舊葉，新舊葉之間略為重疊，而在人們不知不覺之間，落盡去年鉛華。而茄苳只是略比樟樹呈現落葉、新葉間的小間隙罷了。

落葉的奧妙是生態適應上很有趣的議題。所謂常綠樹 (evergreen) 當然也落葉，只是新舊葉不斷更替而已。一片葉子的壽命在西方的針葉或裸子植物約 9～10 年，筆者觀察台灣冷杉則約 5 年；常綠闊葉樹的葉片有人宣稱可以保持 3～4 年，但台灣尚未見有明確的數據。而有些落葉樹的葉片壽命約 8 個月至 1 年。熱帶榕屬植物葉片的壽命很短暫，常有一年落葉 2～4 次的現象；台灣的破布子一年也落二次葉。有人認為落葉與水分多寡有關 (廖日京、何豐吉，1970)；也有人認為茄苳每年落盡年度舊葉，藉以擺脫昆蟲幼蟲等，對自身有幫助 (郭城孟，1990)。不過，這些只是人們片面目的論或嘗試合理化的一種解釋罷了。

茄苳的落葉議題，值得從生態角度詳加研究。又，茄苳的新葉事實上不斷萌長，並無月份的限制。

茄苳變紅葉。(2010.12.21；台中市)

🍃 種苗資訊

遠在氣候尚未顯著變遷的 1950 年代，胡茂棠 (1957) 在台中台灣省立農學院（今之中興大學），做林木種子發芽成苗及其生長的觀察記錄，包括茄苳。依其記載：（筆者略加改寫）

1. 茄苳的果實 11 月成熟，漿果扁球形，徑約 1.2 公分，成熟時黃褐色，乾燥之果皮皺縮呈紙狀。種子 3 ～ 5 粒，橢圓形，長約 0.7 公分、寬約 0.4 公分，外具淺黃色種衣，中間裂開，種殼則為棕紅色，內種皮膜質，具棕紅色斑點。

2. 種子處理：將漿果浸水中，洗除果肉，析出潔淨種子，點播於土中，覆土約 0.3 公分厚，每日灑水、潤濕土壤。（每 6 公分寬點播 5 粒種子，發芽後拔除至剩留一株觀察之）

3. 發芽：1955 年 11 月 18 日播下種子，12 月 12 日發芽。幼根白色，幼莖黃色，種殼常隨發芽而被帶出土外，子葉脹破種皮而出，色綠而略具光澤，側根發生頗早，頂芽之發生及生長均甚緩。

4. 生長：莖的高生長極緩慢，96 天之久莖高仍然低於 5 公分，而頂端葉片密集簇生。主根發達，為莖高之 3 倍餘，側根發展良好，若主根較短，則側根更茂密。

5. 幼苗形態：葉互生，卵形，先端銳尖，大者長 2.8 公分、寬 1.8 公分，葉緣具均勻鋸齒。羽狀網狀脈，向下陷落，故葉面不平滑。托葉一對，長針狀。子葉橢圓形，留存期長，頗厚；莖，青黃色，橫斷面近於方形，皮層較厚，富水分，較一般者柔軟；根，主根細長（深根系），粗

細不均勻，發展迅速。側根中度發展，根系圓錐狀發展，全根白色。

6. 由果實到苗木 (1955 年 11 月 18 日播種，至 1956 年 3 月 23 日子葉脫落的過程) 繪圖及註明。

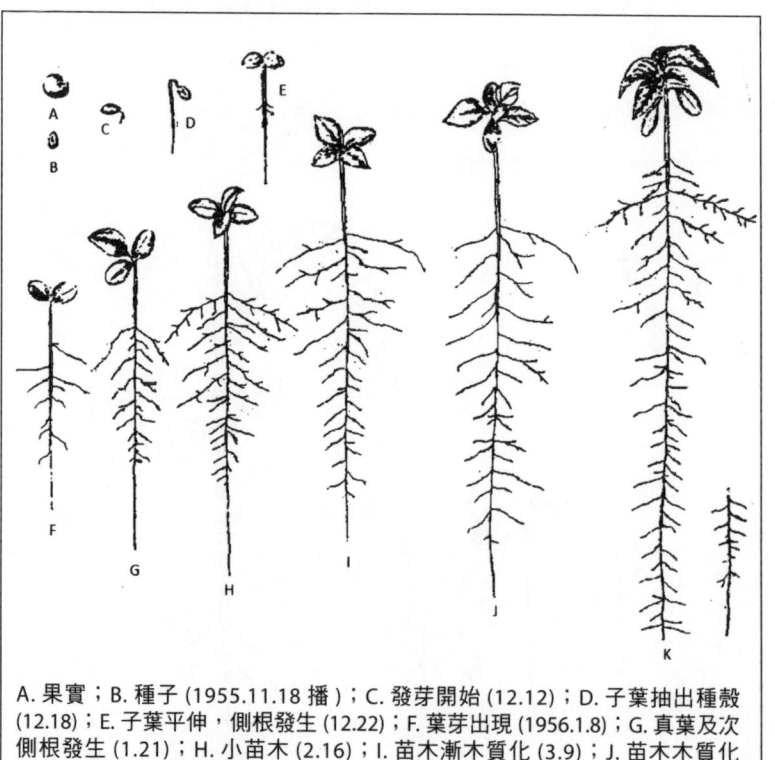

A. 果實；B. 種子 (1955.11.18 播)；C. 發芽開始 (12.12)；D. 子葉抽出種殼 (12.18)；E. 子葉平伸，側根發生 (12.22)；F. 葉芽出現 (1956.1.8)；G. 真葉及次側根發生 (1.21)；H. 小苗木 (2.16)；I. 苗木漸木質化 (3.9)；J. 苗木木質化 (3.19)；K. 子葉脫落 (3.23)。

胡氏的記載令筆者推測，茄苳乃具備熱帶雨林苗木的特徵，也就是森林下的苗木生長甚緩慢，然而，一旦林冠破空 (老木崩坍、陽光照入) 時，則苗木急劇生長，競爭生態區

位，搶得竄生喬木的時機。（註：胡氏的苗床係在半遮蔭的環境下
所做的觀察）

楊武俊（1984）發表《台灣經濟樹種開花結實及種子發芽
形態之研究》，關於茄苳，來自嘉義中埔的樣本顯示：供
試種子含水量 12.13%；1 公升種子重 502.5 公克；1 公升
種子有 35,391 粒；1 公斤種子有 70,434 粒；1 千粒種子重
量是 15.05 公克。而茄苳種子發芽後的形態如下圖：

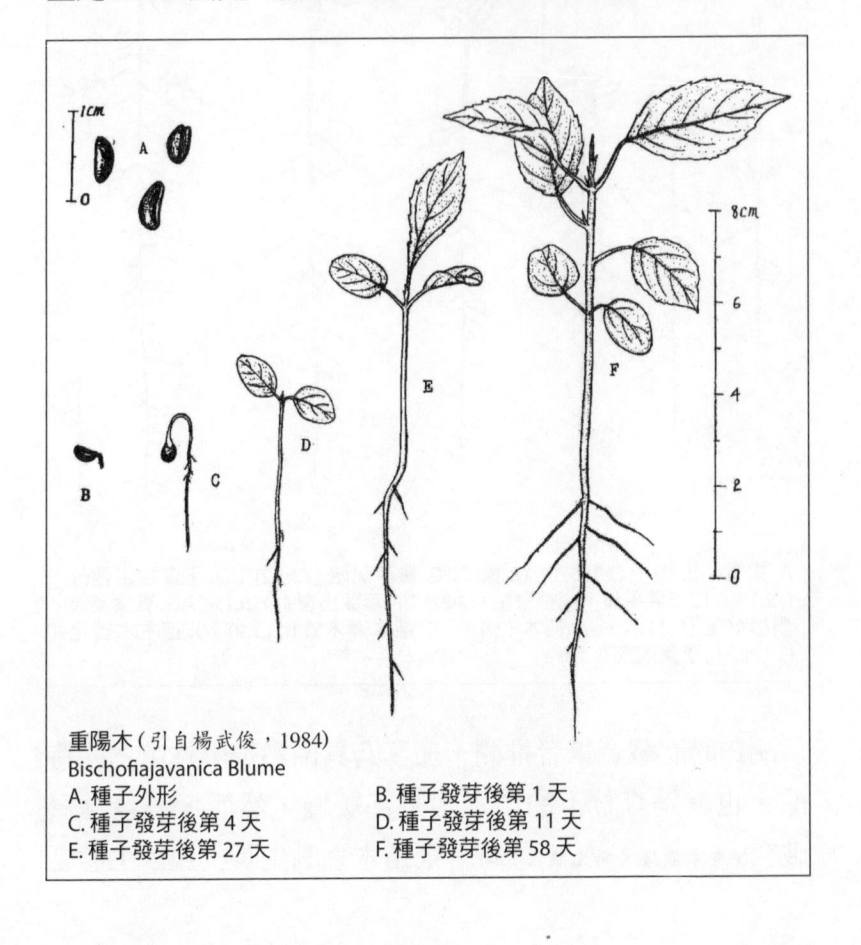

重陽木（引自楊武俊，1984）
Bischofiajavanica Blume
A. 種子外形　　　　　　　　B. 種子發芽後第 1 天
C. 種子發芽後第 4 天　　　　D. 種子發芽後第 11 天
E. 種子發芽後第 27 天　　　　F. 種子發芽後第 58 天

而徐國士等七人 (1985) 在墾丁地區的調查敘述，茄苳的種子壓球形，長 4.0-4.4mm，寬 3.3-3.7mm，厚 2.0-2.4mm；種皮米黃色，具許多細縱紋，質脆。具白色胚乳及綠色子葉。而附有攝影圖。其測試茄苳種子的含水率為 10.30±0.6%(9.0-12.5%)；1 公合有種子 4,610±25 粒 (4,545-4,651)；100 粒種子重 1.32±0.02 公克 (1.23-1.39)；新鮮種子採收 1 週內播種的發芽率 89±1%(83-94)，14 天後即開始發芽，發芽前後日數 24 天；3 個月大苗木平均高度 19.1±0.7 公分，6 個月大平均苗木高度為 47.1±1.5 公分，3 或 6 個月的成苗率為 91% 及 90%。此外，其敘述：茄苳一般生長在較陰濕之森林河谷，是較陰性的大喬木，

茄苳雌花受孕後的子房。

香蕉灣、鵝鑾鼻等珊瑚礁上亦有分佈。受強風吹襲後極易掉葉，但萌芽力強；「幼苗生長迅速，快者半年即可生長至 1 公尺左右……」

據上可推測台灣的茄苳苗木，的確具有熱帶雨林種苗的特徵，在陽光充足下，生長即可迅速。

✑ 植群生態

台灣歷史上第一份植被帶或生態帶的報告，乃本多靜六1899 年所發表，他是在 1896 年底，跟隨竹山撫墾署長齊藤音作登玉山（東峯），縱觀近 4 千公尺的玉山以迄海隅的全盤性敘述。由於本多氏是見過大世面的人，他也去過印尼的爪哇；他在 19 世紀末葉來到當時植物學堪稱黑暗時代的台灣，卻能獨具慧眼地比較爪哇的熱帶雨林與台灣，他說：「……台灣的熱帶（雨）林分佈於南部約 600 公尺以下，北部約 300 公尺以下，即海拔平均約 450 公尺以下地區。由於多淪為墾地，天然林相只以榕樹類 (Ficus spp.) 及林投為顯著，夥同茄苳及熱帶果樹盛行……各種蔓莖植物纏綿於這些喬木上，其蔓莖不論大小，從數十米的高處向地下垂，宛似在海岸邊曝曬魚網的光景。或有纏盡一幹而轉架他樹，蜿蜒曲折，橫跨空中長連數千坪。或有低蟠地上，宛如修蛇潛伏草間之狀，千姿萬態，實非禿筆所能盡述。加之，無數的著生植物，生長在所有的樹皮、樹梢，尤其在枝椏或起瘤的部位，及其與蔓藤交叉處，寄附星狀斗笠大的羊齒類（註：台灣山蘇花、崖薑蕨等等）。至於小型寄附

植物，實為不計其數。若連下垂幹枝、葉梢的蔓莖都要仔細觀察，則幾十百種地衣、藻菌等低等植物寄生，星纏筆列，密佈於樹體，交織成為空中的大植物園，遠、近、左、右無遑視顧，豈非奇觀，此即台灣熱帶（雨）林的真相……」（本多靜六，1899；轉引自陳玉峯，1997；24-29頁）

從本多氏 117 年前的觀察與敘述，筆者推測台灣的熱帶雨林茄苳林型的樹下，必有山棕、姑婆芋、台灣芭蕉等等，蔓藤殆如黃藤、水藤、豆科等物種。本多靜六相當於直接定位台灣低地，擁有東南亞的茄苳及榕類的熱帶雨林，依今看來，其在一個世紀之前，實在是了不起的洞見，因為全台低地最早受到開發、破壞，而本多氏至少是捷足先登。可惜，台灣後來植物學的發展改採不同學派，本多氏但只留下驚鴻一瞥的世紀之作。

陳玉峯 (1995) 以及系列台灣植被誌的探討（陳玉峯，1997；1998；2001；2004；2005；2006；2007），大致回溯百餘年主要的植被研究，可以瞭解隨著時代進展，對台灣有無熱帶雨林的議題，不但沒有進一步的見解，反而更加模糊，其最主要的原因在於開發日邁，西部低地平原之原始植群蕩然不存，「熱帶雨林」無物可談，只能在氣候等因素，加上次生植被作紙上談兵之所致。

終之日治時代，例如金平亮三 (1936)、正宗嚴敬 (1936) 的《植物地理學》一書、山本由松 (1940) 的「台灣植物概論」，乃至如佐佐木舜一的系列植被敘述，或多或少肯定茄苳是台灣的熱帶（雨）林喬木，畢竟因為欠缺實體原始林

型的發現，並未比老前輩本多靜六有更深入的見解。

國府治台以後，真正開始探討熱帶雨林者是章樂民（1965；1966），他認為如果氣候與土壤因子均適宜熱帶雨林分佈，則台灣東北部應分佈於海拔 200 公尺以下，東南部應在 500 公尺以下，中西部應在 350 公尺以下為適當。而高屏及台東東南部恰好處在熱帶雨林限制線上。然而，或因榕屬植物尚稱顯著，茄苳被置於附屬，以致後來柳榗（1968；1970）等，列出的「熱帶雨林羣系」，含括了一個小單位「白榕、茄苳過渡羣叢」，但始終無法將茄苳提升為單獨一個社會單位。

直到 1970 年代末葉，藉由碩士班研究生等，前往恆春半島、台灣東南部低地的樣區調查等，茄苳為領導優勢的報告才告出現。

恆春半島南仁山區，在溪谷底部或背風山坡下側接近溪流之處，風力微弱、坡度平緩，土壤極為濕潤，存有「茄苳—榕樹類聯合羣叢（優勢社會）」（劉棠瑞、劉儒淵，1977；本文乃第二作者的碩士論文）。第一層樹高約 12～15 公尺，以茄苳、大葉雀榕、榕樹、幹花榕、落葉榕等為主成分，冬季常有落葉現象。次要樹種如山黃麻、香楠、大葉楠等；灌木、小喬木如樹蕨、牛奶榕、水冬瓜、水金京等。

劉棠瑞、林則桐（1978；本文乃林則桐的碩士論文）調查蘭嶼植群後，夥同氣候分析，其認為蘭嶼應歸屬「熱帶雨林氣候型」（平地），更且，蘭嶼的年平均相對濕度高達 90%，是台灣之最，但可能因風力強大，抑制了熱帶雨林在喬木高

度及森林層次結構的發展。而茄苳在蘭嶼的谷地或山腹，近溪谷的石礫地（土壤稀薄）上，形成「茄苳—蘭嶼木薑子簡叢（優勢社會）」。該社會其他喬木如樹杞、榕樹、江某、銹葉野牡丹、九丁榕等；第二層或小喬木如蘭嶼筆筒樹、山檳榔、羅庚梅、對葉榕、華八仙等。由於蘭嶼雅美人長期擇取森林中大樹，砍伐用以造木船及建屋，或作燃料，但卻不喜歡茄苳及白榕等，以致於蘭嶼森林內尚存許多茄苳及白榕的大喬木。其等似乎視茄苳為不耐蔭的先驅樹種。而楊勝任、張慶恩、林志忠 (1990) 似乎證實雅美人未曾利用茄苳。

　　台東海岸山脈（北起花蓮，南迄台東，全長約 140 公里）海拔約 100～400 公尺之間，少數低地河谷兩側、溪谷平坦地，立地基質殆為石塊堆淤者，以開墾不易，尚保存局部「茄苳—大葉楠—九芎優勢社會」（修改自劉棠瑞、蘇鴻傑、潘富俊，1978）。該社會的層次結構勉強可分 4 層。第一喬木層即以茄苳、大葉楠、九芎最優勢；第二層樹種有樹杞、江某、烏心石、黃杞、無患子、幹花榕、九丁榕、山漆、山豬肉、細葉饅頭果、山黃麻、白匏子等；第三層為水冬瓜、山棕等；草本層如闊葉樓梯草、生根卷柏、秋海棠等，伴生如姑婆芋、橢圓線蕨、觀音座蓮、台灣芭蕉等。

　　然而，劉棠瑞等人 (1978) 或蘇鴻傑 (1977) 之於恆春半島佳樂水海岸背後的山地，敘述「茄苳—紅柴—榕樹類群叢」等，依據筆者經驗（陳玉峯，1983；陳玉峯、黃增泉，1986，等等），認為其樣區未曾考慮環境或立地的相對均質性，而將立地

及社會不同的單位混在一起，因而產生優勢物種混置的結果。

　　台灣本島陸域的最南端鵝鑾鼻公園內，隆起鉅大或不等高度的珊瑚礁岩塊之間，平坦地上或具石質土地域，存有「毛柿―大葉山欖優勢社會」(陳玉峯，1984)，它的喬木層伴生種即有茄苳樹，見其敘述(52頁)。茄苳乃台灣：「低海拔至海濱溪谷優勢樹種之一，可做為溪谷型指標植物。其長期演化的結果，主枝條平展，是為溪谷中獲取較多量陽光的方式之一。亦為高位珊瑚礁演替成林之代表物種，墾丁公園(內陸)允為最佳例證。鵝鑾鼻公園內僅為少量，似暗示仍處於演替的前期(森林)。每年春季，初生葉黃綠色，遠觀易別於其他樹種……」

　　楊遠波、呂勝由、林則桐(1990)調查花蓮太魯閣國家公園石灰岩地區的植被，列有「重陽木(茄苳)―糙葉榕―大葉楠社會」，存在於低海拔河谷或較蔭蔽處，例如匯源、神祕谷、布洛灣、葫蘆谷等地，海拔 100-400 公尺間，地表常為崩積地，含石率 50-95%。

　　此一社會以茄苳的優勢為最高，糙葉榕次之，但株數以大葉楠為最多。而草本層或灌木層以下，最具代表性的植物為山棕、姑婆芋、卷柏類、風藤、小毛蕨、長葉腎蕨、台灣沿階草、山蘇花、毬蘭、拎樹藤、玉葉金花、觀音座蓮等等。

　　黃增泉、謝長富、謝宗欣(1991)調查宜蘭南澳鄉「觀音海岸自然保護區」(註：蘇花公路南澳與和平之間)，列有「大葉

楠、茄苳植物社會」，乃溪谷、河床等水分充足處，但其將之視為「亞熱帶雨林」。

其喬木層高約 10-15 公尺，主要組成有茄苳、大葉楠、榕屬物種、青剛櫟等，伴生種如俄氏柿、山菜豆、大香葉樹、無患子、山黃麻、水金京、烏心石、五掌楠等；灌木層及其以下，如長梗紫麻、三葉山香圓、桶鉤藤、山龍眼、梨仔、姑婆芋、闊葉樓梯草、粗毛鱗蓋蕨、觀音座蓮、細葉複葉耳蕨、廣葉鋸齒雙蓋蕨、伏石蕨、山棕、山蘇花、同蕊草、黃藤、菊花木、伊立基藤、老荊藤、翼核木等。

而陳玉峯 (1995；263-265 頁) 直接賦予「茄苳優勢社會」，代表性樣區即台東縣南橫公路旁，新呂武溪畔，海拔約 425 公尺，坡向北偏東 10°。

第一層高 6-12 公尺，總覆蓋度約 90%，在 10×40 平方公尺中，以 5 株茄苳佔絕對優勢，另有 2 株澀葉榕及伴生種如白雞油、山菜豆、無患子、血桐、台灣欒樹、九芎、血藤、菊花木、樟葉楓等；第二層高 3-6 公尺，覆蓋度約 30%，組成有青剛櫟、台灣朴樹、台東白匏子等；第三層高 1-3 公尺，覆蓋度約 75%，以山棕最為優勢，伴生有台灣山桂花、糙葉榕、酸藤、台灣梣、台灣朴樹、山枇杷、台灣欒樹、小葉桑、長梗紫麻、江某、大葉楠、軟毛柿、山肉桂、月橘、台灣赤楠、杜英、錫蘭饅頭果等；草本層 1 公尺以下，覆蓋度約 50%，數量較多者如生根卷柏、小毛蕨、密毛小毛蕨、粗齒革葉紫萁、姑婆芋等，餘如藤

花椒、山棕、東陵草、菝契、水冬瓜、鬼杪欏、翼核木、山柚、江某、台灣鱗球花、報歲蘭、稀毛蕨、屏東擬肋毛蕨、長葉腎蕨、樹杞、山月桃、菊花木、大葉楠、刺杜蜜、三腳鱉、山橘子、東方狗脊蕨、茄苳、冰粉蓮、大頭艾納香、細葉複葉耳蕨等。

其社會剖面如下圖：

茄苳優勢社會剖面──1：江某；2、7：澀葉榕；3、4、8：茄苳；5：山棕；6：山菜豆。

此外，筆者在甲仙天乙山（高雄興隆淨寺所屬道場；陳玉峯，1998b；2006）抽水大井旁，以及台 21 線公路旁，所調查的大茄苳等等，均是水源、湧泉或地下水之所在。夥同文獻描述，筆者下達茄苳乃恆定水濕立地的指標物種，且當茄苳樹齡、胸徑愈大、族群數量愈多或形成純林，約代表該立地水脈、水量愈豐沛，但樹體地上部並不泡水（只在洪水等間歇時段淹水）。如此的「地下水庫」區，殆即茄苳純林之所在，其常見於溪谷相對高、中位階地，或溪流洪峯淹沒地，因而地表土沙常為地面逕流所沖失，而呈石礫、板片岩塊橫陳的現象。

由於茄苳根系嗜宿水，而且是活水的特性，台灣低海拔地域許多地名有「坑」字者，往往在原始時代或即茄苳純林區。台語「坑」，音「Khen」，指較大溪流的短谷，或多或少或季節性流水穿越，或屬間歇性河道，多見於洪積臺地下之下切短谷，筆者認為即二、三百年前全台原始熱帶雨林「茄苳優勢社會」之所在。

而最常與茄苳共組森林社會的優勢種，可大分為兩類，一為大葉楠；另

一為榕屬喬木。前者代表溪谷下坡段具壤土型的森林「大葉楠」優勢社會，之下延溪谷與茄苳優勢社會交會；後者屬於岩生環境、岩生植被類型（陳玉峯，2006；516、517、546頁）之潮濕地而與茄苳優勢社會交會者。筆者認為茄苳的最重大生態特徵是恆濕或水源立地，且當此特徵立地均勻且夠大，才足以形成茄苳純林，這是茄苳來到台灣之後，約8千年的演化所造成。榕屬樹種是東南亞、南亞熱帶雨林的常見物種，大葉楠或該歸類於台灣亞熱帶雨林優勢社會之一，因此，「茄苳—榕屬優勢社會」、「茄苳/榕屬優勢社會」，以及「茄苳優勢社會」，正是筆者心目中，台灣在原始時代典型的熱帶雨林。

茄苳與台灣地名

欲探討台灣原生茄苳林或其曾繁茂處，途徑之一，殆可由舊地名或老樹搜索。而台灣地名直接叫做「茄苳腳」者（洪敏麟，1979；1980），例如：台北縣汐止鎮橋東里及茄苳里；南投鎮茄和里、茄興里；雲林縣大埤鄉之嘉興、豐田村；雲林（嘉義？）縣太保鄉春珠村；雲林斗六鎮嘉東里；台南縣新營鎮嘉豐里；高雄縣杉林鄉木梓村等等。

地名「茄苳」者，例如：雲林縣西螺鎮振興里、大園里；高雄縣梓官鄉茄典村；屏東縣佳冬鄉佳冬村、六根村等。

地名「上茄苳」者，例如台南後壁之侯伯、嘉民、嘉田及嘉苳。

地名「下茄苳」者，例如台南後壁及嘉苳。

地名「茄苳坑」者，桃園縣觀音鄉保庄村。

地名「茄苳湖」者，新竹縣香山鄉大湖村、茄冬村。

地名「茄苳溪」者，桃園縣八德鄉茄冬村、白鷺村。

地名「茄苳林」者，彰化縣大村鄉茄冬林。

而今之彰化縣花壇、金墩、中庄、劉厝地區，在日治前期暨之前，原地名「茄苳腳」，地當彰化隆起平原上，八堡圳東畔八卦臺地北段西麓，海拔約 17 公尺上下，1745 年前後（乾隆初）墾成。由於過去往日燕霧上、下堡，茄苳樹繁茂，故上述區域地名起源於「茄苳樹下之村莊」。

後來，1920 年，文官總督田健治郎任期內，治台方針改採同化政策，將民政與警察區分，制訂地方自治制度，行政區重劃，大改地名，於是，台灣進入「五州二廳」時期。此改名時期，以「茄苳腳」之台語音「Katan」，與日語「花壇，Kadan」近似，因而改名為「花壇」。

有趣的是，同時期的屏東縣同地名的「茄苳腳」，乃因清代及日治前期，漢人以該地蕃社係位於茄苳樹下，故稱之為「茄苳腳」，更早之前，原為平埔族馬卡道甌的「茄藤社」故址。1920 年改名，日人執事以「Katan」音近日語「Katon，即佳冬」，從而改名為「佳冬」。即今之佳冬鄉之佳冬村、六根村。

如此繁多地名，固然明確指示往昔台灣茄苳的普遍與繁盛，而台灣 151 條溪流下游、平地溪畔，推測遠比殘存地名更為龐多的局部區域，必定是茄苳熱帶雨林的原鄉，此

等地景或生態系乃是「福爾摩莎」4百年前，最為原汁原味的樣相，可嘆的是，今已近完全殞滅！此乃台灣原鄉業已消失的地基主、土地公！筆者強烈推薦，至少復育局部茄苳原始森林，庶幾無愧於這片地土。

由上述地名之用字可知，一種茄苳而諧音、轉音、誤用為許多異字名。

❦ 茄苳與動物

金平亮三 (1936) 將台灣的茄苳歸屬於「台灣、馬來及熱帶亞洲的共通樹種」，依其見解，筆者改寫成「最近一次冰河期結束之後，由東南亞遷移至台灣的樹種」。而其地理分佈，泛見於印度、馬來西亞、菲律賓、熱帶澳洲及太平洋諸島。由分佈檢視，筆者認為海漂果實的傳播，或鳥類等動物的攜帶，應為茄苳來台演化的機制。

多種鳥類啄食茄苳的果實，例如白頭翁、珠頸斑鳩、麻雀、五色鳥等，因而也被列歸所謂的「誘鳥植物」之一 (吳佐川、周芳華、謝春萬，1997；林文鎮，1985；等等)。

廖日京、田中進 (1988) 則確定台灣獼猴吃食茄苳的樹葉及果實。

而茄苳雖有大量的花粉，但在台灣只被列為次要的產粉植物 (pollen-yielding plants)，而非產蜜植物 (nectar-yielding plants)，並非主要的蜜源植物 (鄭元春、蔡振聰、安奎，1986)。

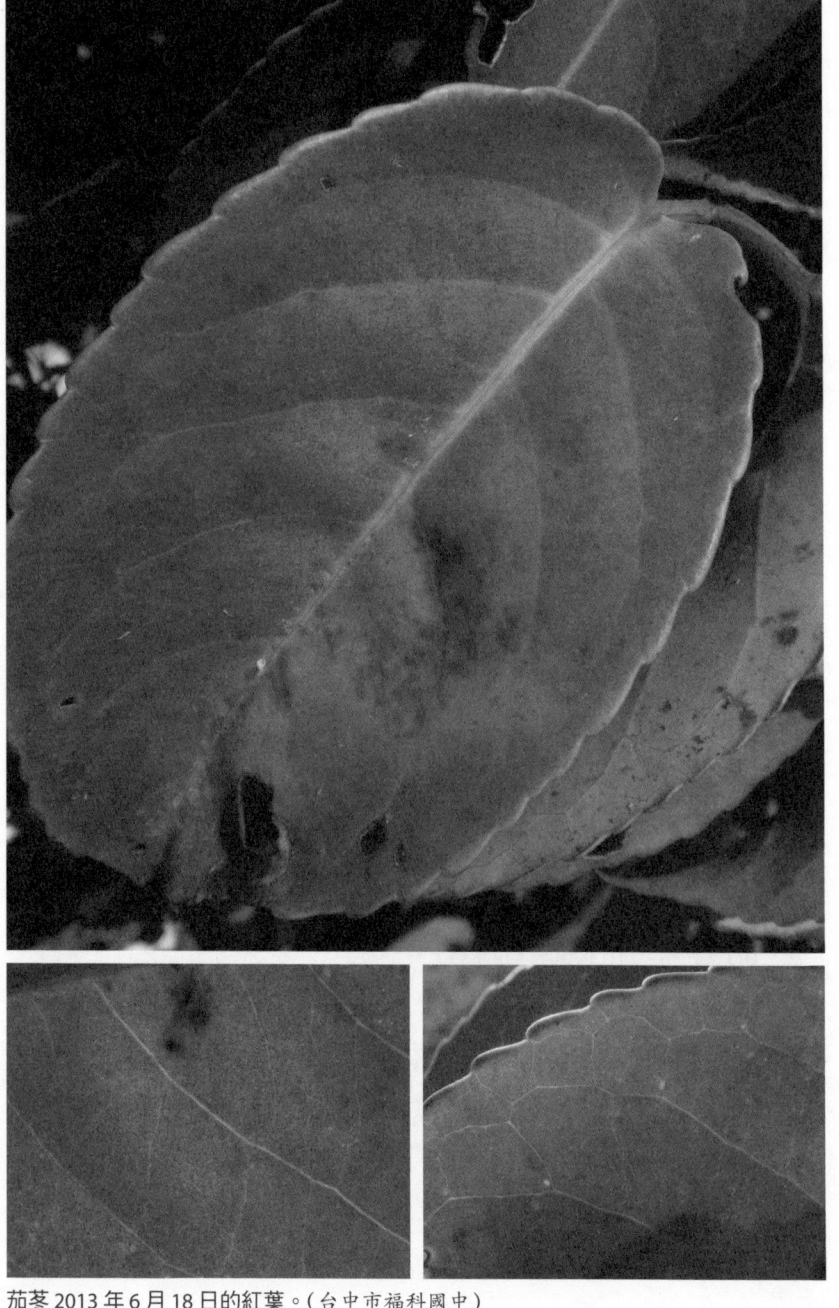

茄苳 2013 年 6 月 18 日的紅葉。(台中市福科國中)

✑茄苳與食用、藥用或童玩

　　日治時代曾調查、編輯原住民的藥用植物，山田金治 (許君玫譯，1957) 記載茄苳的藥用如下：

1. 治療腹痛：使用茄苳葉煎服之，花蓮港廳玉里郡的 Kasibana 社；使用樹皮煎服者，如花蓮港廳玉里郡的 Babahuru 社、Namogan 社、Tiu 社。

2. 被漆咬傷 (註：例如山漆汁或台灣藤漆汁液令皮膚紅腫) 時，取茄苳葉之煎汁塗抹於患部，如台北州羅東郡 Tourui 社及 Banun 社等。

3. 皮肉受傷的治療：
   (1) 將茄苳葉浸泡在開水內，溫熱後貼在患部，例如高雄州潮州郡 Makazyazya 社、Tarabakon 社及上 Pairusu 社。
   (2) 取茄苳葉之煎汁塗抹在患部，例如屏東山地門社、Sararau 社、Tabasan 社等。
   (3) 將嫩葉搗碎後，敷於患部並以布包紮之，例如花蓮郡 Koro 社、Busurin 社、Daorasu 社等。
   (4) 打傷、扭傷時，同 (1)。

　　農業時代在台華人的食用或藥用先見前述謝阿才 (1963)，事實上坊間存有許多關於茄苳的口碑或記錄。

　　茄苳果實可生食，也可煮熟後拌糖或浸漬鹽水後食用 (彭仁傑編，1997)；早已漢化的南部西拉雅平埔族，成熟的茄苳果實是部落的零嘴之一，他們亦常採健康的茄苳嫩葉，塞進宰殺後的雞腹內，再將茄苳葉鋪在雞隻上，加水一同

悶煮，烹調出特殊風味的「茄苳雞」(王志強等五人，2011)。事實上，全台各地常見加蒜的「茄苳蒜頭雞」，由小販驅車兜售著。

而鄭元春、張之俊 (1980) 專門論野生植物之「吃」，其敘述茄苳葉及果實可食用的等級為「良」，另說「葉可代茶，嫩葉供作調味料」，殆取其香氣；未軟化的成熟果：「可煮食或以鹽漬或釀酒……葉曬乾泡茶飲，具解熱之效。」(邱志明等五人，1994 二版)

無論食用或藥用，最好瞭解其物質成分。關於茄苳，自來尚有許多藥理、效用的報告，在此僅舉劉國柱、歐潤芝、黃瑞齡 (1984；604、605 頁) 引介之。

劉國柱等人列出茄苳的中文俗名的別名，除了前述之外，尚有較罕聽聞的「崔冬」、「秋風」、「水梁木」、「三葉紅」、「鴨腳楓」、「千金不倒」、「丟了棒」等。其等引述茄苳的藥用部分有葉、根、樹皮、果實、嫩芽。

成分方面：

1. 根：含 β—麥胚固醇、β—香樹酯醇、熊果酸 (Ursolic acid) 等。

2. 樹幹：含木栓酮、木栓醇 ($C_{30}H_{52}O$) 等。

3. 樹皮：含鞣質 2.11%、β—麥胚固醇、白樺酸甲酯 (Methyl betulinate)、醋酸表木栓醇酯 (Epifriedelanol acetate) 及木栓酮等。

4. 葉：

(1) 組成分析：粗蛋白質 9.2-21.0%、半纖維素 (Hemicellulose)2.2-25.8%、木質 (Lignin)4.1-14.6%、纖維素 (Cellulose)7.0-50.5%、礦物質 9.25-21.5%、Ca 1.12-4.0%、P 0.10-0.60%、SiO_2 0.3-5.2%。

(2) 有機酸及維生素：酒石酸、維生素 C 等。

(3) 鞣質、類固醇及類三萜：氧化沒食子酸 (Ellagic acid)、β—麥胚固醇、醋酸木栓醇—3α—酯 (Friedelan-3α-yl acetate)、木栓酮、木栓醇、木栓—3α—醇 (C30H52O) 等。

5. 種子：

(1) 種子油 (略)：種子油皂化後，可得 94% 混合脂肪酸，其中飽和脂肪酸 20.5%，未飽和者 79.5%，其中，次亞麻油酸 60、亞麻油酸 15、硬脂酸 11、棕櫚酸 9、油酸 2-3%。非皂化物含 2% 之植物固醇 (phytosterol)。

藥理作用：

1. 枝葉的正己烷萃取質，對大鼠的應力潰瘍 (stress-induced ulcer)，具有抗胃潰瘍的作用。

2. 根的水萃取液，對枯草桿菌、奇異變形桿菌、大腸桿菌、卵黃色八聯球菌、金黃色葡萄球菌、表皮葡萄球菌、Candida tropicalis、Candida dipolydica 及 Micrococcus glutamicus 等，具有抗菌作用。

3. 葉的水萃取液，對大腸桿菌、肺炎桿菌、卵黃色八聯球菌、枯草桿菌、綠膿桿菌、糞產鹼桿菌、奇

異變形桿菌、金黃色葡萄球菌、表皮葡萄球菌、Candida tropicalis、Candida dipolydica 及 Micrococcus glutamicus 等，具有抗菌作用。

效用：

1. 葉：行氣活血、消腫敗毒；治氣血鬱結、癰疽瘡瘍；解熱消炎，搗汁合冬蜜服之，治肺炎；鮮葉搗敷，治癰疽無名腫毒；代茶飲，治遺精、利尿。

2. 根：養血滋腎，主補血；胃病；感冒；肺炎；發育不良；治紅白痢疾；煎水服治遺精。

3. 樹皮：治風濕性關節炎；哮喘。

4. 果實：治膀胱有風；浸酒服，為強壯劑。

5. 嫩芽：搗敷腫毒。

誠然，茄苳含有一些療效的天然化學物質，台灣歷來民俗療法也多所使用。然而，對筆者記憶而言，茄苳是一種兒時遊戲的用具。

1960 年代上半葉，筆者就讀吾鄉雲林縣北港鎮的南陽國小，校園內植有成排茄苳。每逢過年前後，茄苳落葉，我們會撿拾三出複葉長長的主葉柄，兩人各執一葉柄互勾、拉扯，誰人斷裂誰人輸，我還歸納粗細、含水量多寡、質感等因素，如何撿拾堅韌的常勝軍哩！茄苳葉柄之為童玩，不知現今還在否?! 還有，爬樹。茄苳之於我，是種童騃童玩及鄉土的永久記憶。

附帶一記。台灣有史以來第一本中文版的《台灣植物誌》，或可謂是台灣省文獻委員會彙編的《台灣省通志稿

(卷一)土地志‧生物篇(第二冊)》，出版於筆者出生的 1953年，早筆者一個月問世。該書纂修人雖為林崇智 (1953)，但實際捉刀者，可能是當時台大植物系的耿煊先生，以及台中省立第一女子中學校的王徵先生。

我的老師，台大植物系退休的鄭武燦教授，特地於2003 年 2 月 12 日送給我一冊他的珍藏，書前加註：「這是第一本中文版《台灣植物誌》，精裝封面是我加的，原書封面已毀損不堪！」鄭教授是筆者大一時分類學的啟蒙業師，也是青年時代第一次有人為我過生日的恩師。我永遠記得大一筆者生日那天，鄭老師送我一瓶他出國時，其父為其預藏他學成歸國時，才要開瓶慶賀的老酒。恩師卻將它珍藏，而在 1976 年底轉贈予我！可見當年他是如何地深情待我，慚愧的是，我在大三、大四轉覓其他老師跟隨，他一定很傷心，而我魯鈍渾然不知！幸虧他退休後，我無意間得有機會再續前緣，拜請他到台中某大學繼續垂教。

書寫茄苳時，無端生起古老記憶，也翻出這冊與我同齡的老書。此書第 475 頁，描述茄苳的最後兩句話：「……果實代茶，內服為嬰兒強壯劑。」正可以註解為何台灣人在農業時代，之所以對茄苳感恩再三，且多拜請茄苳公成為小兒的契爸。

唉！鄭師之於筆者，也是株永不凋零的茄苳啊！

ᴥ 木材性質

日本人精心開發經營台灣 50 年，各項研究鉅細靡遺，對樹種木材的分析研究亦頗透澈。1950 年台銀金融研究室編輯部分日人研究成果，出版「台灣特產叢刊第七種」：《台灣之木材》(林渭訪、薛承健，1950)，其中關於茄苳者(121、122 頁)轉錄部分如下：「……全島平地山麓最常見之樹種，庭園木與行道樹亦多植之，恆春有蓄積 181 立方公尺，南投亦有 100 立方公尺。生長迅速，徑能達一公尺以上，年輪不明，導管作輻射狀配列，常向同方向連結，現出切線柔細胞，髓線顯著，材赤褐色，堅重，強韌，木理粗糙，多割裂，充分乾燥則起反張，通常多先以水浸漬一年後利用之。耐水濕、摩擦、衝擊，木纖維長度多為 2.0-2.5 公厘，平均為 2.306 公厘，寬度多為 35-40 μ，平均為 41.6 μ，長寬之比為 56，氣乾材比重 0.885，抗彎強度 502kg/cm^2，彈性係數 54,539kg/cm^2，縱向抗壓強度 377 kg/cm^2，橫向抗壓強度 144kg/cm^2，剪斷強度 200kg/cm^2，縱向張力 990kg/cm^2，割裂強度 1.35kg/cm^2，Brinell 強度 4.29，耐朽性比較 33.15(試材大小均與馬尾松同)。木材可供建築、土工用材、水工用材、枕木、炭礦坑木、橋梁、農具、船肋(屈曲部分)、水車(舂碓、杵、軸、車輪、軸承)、家具、車輛、象嵌、雕刻、水槽等用途，又可用為紫檀之模擬材。以之燒炭，並非良好材料，黑炭收率體積為 58%，重量為 23.73%，真比重 1.638，容積比重 0.481，硬度為 2，乏光澤，叩之發近土器之音響，橫斷面放射裂。」

1967 年，中華林學會編印《台灣主要木材圖誌》，附上木材照片，並以中、英文介紹，此乃台灣高度伐木、製材，以農林培養工商的年代產物。其對 36 種樹木，依一般事項、構造、物理性質、機械性質、加工性質及用途等 6 項簡介。其中，茄苳內容或數據略與日治時代資料有所差異。其記載，茄苳枝下高較低，樹冠大，生長迅速。外觀木材，邊材、心材無明顯分界，邊材灰白色至赤褐色，心材暗赤褐色，浸漬於水中經久即變暗茶褐色，年輪不分明，散孔材，導管孔大，髓線甚顯著，木理粗糙。生材 1 立方公尺重 1,067 公斤，氣乾重 1 立方公尺 872 公斤。其材質堅重，耐摩擦衝撞，耐水濕，在水中之保存期甚久，但耐蟻性較差，通常宜浸漬於水中相當期間，然後加以利用。乾燥困難，如乾燥處理不當，易生反翹及乾裂，收縮大，鉋削及其他加工稍難，鉋面粗，研磨後略有光澤，洋漆之吸著性強（餘略）。

據此可知，茄苳堪稱台灣的「水木材」，亦反映茄苳乃生長於水源地的生態特性。

馬子斌等六人 (1979) 的《重要商用木材之一般性質》，列表記錄 97 種台灣產木材、南洋產木材及美國產木材等材性資料，其 12、13 頁關於茄苳的數據，大抵同於中華林學會 (1967)，但有的數據例如「由生材至爐乾之收縮率，體積一為 12.03%，一為 12.23%」令人無從判斷何者打字錯誤？

筆者之所以不予臚列木材的各項數據在於各種數值

莫衷一是，例如上述中華林學會 (1967) 及馬子斌等人 (1979) 的茄苳纖維長度最大 2.92mm，最小 1.40mm，平均 2.295mm，寬度最大 60μ，最小 28μ，平均 43.0μ。然而，汪淮 (1980) 的數據說是茄苳纖維長度最大 2.10mm，最小 0.60mm，平均 1.50mm；寬度最大 56.60μ，最小 13.10μ，平均 39.10μ。就統計、科學態度而言，這些數據只是例子而已，故而略之。

而李春來 (1967) 對木材的酸鹼度作測試，其中，茄苳木材溫水抽出液 pH5.92；冷水者 5.98，屬於微酸。其所測試 137 種木材的 pH 值，普遍介於 4 至 6 之間。而榕屬樹種有呈現微鹼性是例外，例如澀葉榕 (Ficus regida) 及稜果榕 (F. septica) 的溫水抽液高達 7.05 及 7.08。

ᘓ 茄苳與行道樹或活樹用途

茄苳乃台灣自古以來最重要的綠化、綠蔭樹種之一。林文鎮 (1981) 輯錄的資料敘述茄苳是：「公園、廣場遮蔭樹，市街行道樹，聞名全球之台灣鄉土綠蔭樹……根系發達，枝葉繁茂，向四周自由伸展，形成圓蓋形樹冠，樹形壯觀，綠化遮蔭效果極佳。1-2 月，舊葉掉落，新葉長出，新綠悅目……樹性極強，生活力強，根系蒂固，深入地層，能耐風，可作防風林之輔助樹種。移植易，但大苗需除葉並帶土球。生長速，可粗放管理。栽於市街者蟲害較多，宜避免栽在住宅區……台北市愛國西路重陽木（茄苳）行道樹，綠蔭傘蓋廣舒的安全島，最享盛名……」

路統信、鄭瓚慶 (1983) 也宣稱台北市的愛國西路：「古老茄苳樹，綠蔭如蓋，是台北市唯一能形成完整綠色隧道之車道……」1980 年全台北市行道樹株數調查，最多株以迄第七名如下：榕樹，28,766 株；樟樹，16,624 株；菩提樹，8,031 株；白千層，6,919 株；羅比棗椰，6,256 株；楓香，5,441 株；茄苳，4,840 株。

　　台灣的行道樹 (行路樹) 最早可追溯至荷蘭治台時代，而已知台灣最古老的行道樹殆為鄭氏王朝時代，1679 年種植於台南官田之蕃子渡頭路上的芒果行道樹，「……惟樹木已大都殘缺不全，其中樹之最大者，直徑可達 2 公尺。此外，屏東里港之道路上，尚殘 (存) 有二百年生之重陽木，台北淡水海岸之數株古老榕樹等，傳皆荷蘭人所栽植……」(劉棠瑞、應紹舜，1971；2 頁；郭風，1952；註：由文章檢視，劉氏等人似乎對台灣歷史不清楚，故仍待重新探討之。)

　　日本治台之前，台灣大抵是牛車、行轎的羊腸小徑。日治前期始以軍工建設，拓寬道路，並栽植行道樹。1911 年，台灣總督府正式公告行道樹栽植辦法，由政府配給苗木，並由民間徵工栽植……：「初行於恆春及里港，栽植木麻黃及重陽木，後延至台南，繼而幾遍全省，主要樹種為相思樹及楝樹……民國 40 年……實施公路行道樹五年栽植計畫……」(劉棠瑞、應紹舜，1971)

　　由前述茄苳的年輪不分明，況且熱帶地區樹種通常也無法運用生長輪判斷樹齡，而各地登錄栽植有案的行道樹等等，正可提供相對正確的年代胸徑之測量，筆者認為只要

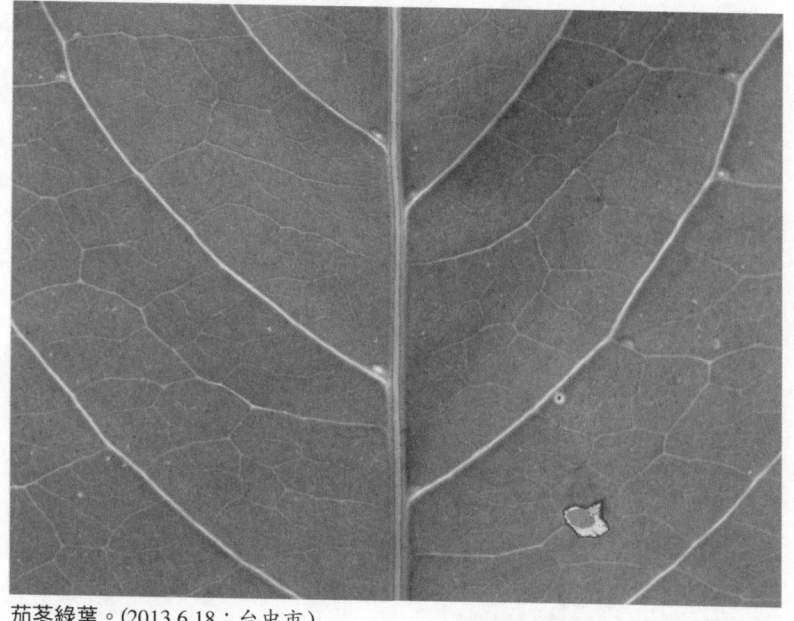

茄苳綠葉。(2013.6.18；台中市)

登錄足夠量或超過 200 年，乃至數十年樹齡的數據，當可統計而迴歸出生長的方程式，用以相對精確地估算茄苳巨木的樹齡。

而鑒於茄苳超強的生命力及其寬廣的生態幅度 (ecological amplitude)，海岸珊瑚礁岩上，例如香蕉灣海岸林，以迄墾丁公園高位珊瑚礁岩上，都有其天然植生或植株（陳玉峯，1984；1985；張惠珠等六人，1985；徐國士等七人，1985；邱志明等五人，1994；等等），鈴木重良 (1932) 則登錄龜山島、琉球嶼、鵝鑾鼻存有茄苳，故而海岸地區的防風定砂植物也網羅茄苳入列。

甘偉航、陳財輝 (1988) 介紹 28 種海岸防風樹種，茄苳樹被列為適合「二期防風林低平濕潤處種植」，而茄苳「常綠喬木，好生疏鬆砂質壤土，性耐鹵耐濕，抗風力強，西海岸到處繁生，以南部海岸為盛，砂丘地生長甚慢」。

事實上上述似乎有些過度誇張，先前引述徐國士等七人 (1985) 不是強調「受強風吹襲後極易掉葉」嗎？更且茄苳根本不是砂丘植物，雖然墾丁高位珊瑚礁岩上亦存有茄苳巨木 (邱志明等五人，1994)，但筆者認為很可能該巨木的根系亦已深入該地的地下水脈之所致，將茄苳種在砂丘上實在是虐待植物，通常不可能終其天年！無論如何，台灣的茄苳畢竟是「水之木」。

茄苳巨木與樹齡

尾隨環保、生態保育的風潮，台灣在 1980、1990 年代掀起找尋「老樹」的旋風，從民間到政府 (濟俗為治！) 汲營於「老樹」調查與出版。1996 年，有民間某出版社即將出版一本老樹專書，囑咐筆者撰寫序文，筆者如實寫了〈不老老樹〉(陳玉峯，1996.10.12 刊載於《聯合報》副刊，收錄於陳玉峯，2000，《土地倫理與 921 大震》，7-11 頁)，因為筆者闡釋 1990 年代老樹的冊封，毋寧是大樹的登錄，絕大部分低海拔、平地的「老樹」並不老，樹齡很難超過三、四百年，大多百年巨木被誇張為千年老樹；且依全台、全球觀點，說明樹齡學等等常識，從而對台灣「老樹」歪風下達：「彰顯的是台灣文明開拓史、自然淪亡錄；僅僅在部分的陽錯陰

差處，點滴擱淺了飄零子遺，印記了絲微的殘紅夕照。」相當於直批根本欠缺自然情操，因此，該邀稿單位或作者接到拙文之後，不吭一聲而胎死腹中。

似乎，台灣迄今在低地樹齡面向，從未啟動科學的調查研究？但絕大部分圖書、報告；仍然一味宣稱「珍貴老樹」、「古齡樹種」、「老木」等等（楊吉壽編著，1990；陳明義、楊正澤、陳瑩娟，1994；林柏顯，1994；吳功顯等；1989；等等）。

而台灣省政府農林廳自 1990 年起，實施「珍貴老樹保護計畫」，所謂「老樹」必須符合下列條件之一：1. 胸高直徑 1.5 公尺以上（胸圍或人胸高處的胸周 4.7 公尺以上）；2. 樹齡 100 年以上；3. 特殊或具區域代表性之樹種。1993 年，政府、民間單位與媒體等，舉辦「尋訪老樹」活動，且擬定在 1995 年前完成全台「老樹」的歷史源流與掌故傳說的編印。央請筆者撰寫序文者殆即其中一本。

1992 年，各縣市列報中央，合計各縣市的「珍貴老樹」852 株。然而，陳明義等三人 (1994) 敘述：「老樹之樹齡很難準確的表示。列報的老樹所估計樹齡多有偏高的傾向。以台中縣后里鄉大樟樹為例。其在近地面處分叉為雙幹，按 1993 年之估算，當中一幹被估為 384 年，另一幹被估為 335 年，此為較合理的估算年齡，與民眾相傳的千年，略有出入。至於台中市中港路之大茄苳，曾在 1992 年中秋節慶祝千歲大事，實欠缺合理依據。」(12 頁)

在筆者尚未進行樹齡的調查、研究，或迴歸統計方程式估算之前，僅依目前為止，學界或各界的粗估資料，取部

分介紹之。

必須強調的是，如台中中港路茄苳王公、埔里同聲里茄苳樹王公等，之自稱（在地人或管理者、執事）的「千年」，毋寧是種文學化、詠嘆調的形容詞，更是一種情感的溫度、熱切的等級，如同「白髮三千丈」，而不必以唯物科學的態度去非議，但科學實證的探討，則有必要務實釐清。

下表臚列幾株相對保守的茄苳「老樹」樹齡估計，列為參考：

若干茄苳大樹資訊表

大樹所在地	樹高 (公尺)	胸徑 (公尺)	胸周 (公尺)	被估計樹齡(年)	出處	附註
新竹縣關西鎮大同里	20	1.7	—	200	陳明義等三人(1994)	樹下有石雕伯公祠
苗栗縣公館鄉鶴岡	20	3.6	—	400	陳明義等三人(1994)	紅綾披掛
台中市中港路後龍里	21	3.3	—	500	陳明義等三人(1994)	建有茄苳王公廟
苗栗縣公館鄉北河村	22	2.5	—	300	陳明義等三人(1994)	有廟
中興新村	14	1.5	—	350	陳明義等三人(1994)	樹勢衰弱
雲林縣古坑鄉新庄村	14	1.7	—	500	陳明義等三人(1994)	
彰化縣田尾鄉南曾村	21	1.6	—	250	陳明義等三人(1994)	立神位
台中縣新社鄉中和	18	2.0	—	200	陳明義等三人(1994)	有雀榕纏勒其上
雲林縣古坑鄉樟湖村	25	1.5	—	500	陳明義等三人(1994)	在地人宣稱千年古木
彰化縣芬園鄉彰南路旁	17	2.0	—	150	陳明義等三人(1994)	曾被下毒

台南縣東山鄉東原村	15	2.4	—	250	陳明義等三人(1994)	
彰化縣永靖國中旁	13	1.2	—	100	陳明義等三人(1994)	
彰化縣埔心鄉太平村	18	3.2	—	300	陳明義等三人(1994)	半邊枯死
屏東縣獅子鄉伊屯公路旁	20	1.8	—	200	陳明義等三人(1994)	
花蓮縣秀林鄉景美段路旁	14	2.1	—	300	陳明義等三人(1994)	有祭壇
台東縣卑南鄉明峯村	25	2.5	—	350	陳明義等三人(1994)	白榕纏勒
花蓮縣萬榮鄉馬遠村	11	2.2	—	300	陳明義等三人(1994)	樹頭有火燒大洞
台東縣南王國小	11.3	0.79	—	古齡	吳功顯等五人(1988)	
台東縣大南國小	15.5	1.3	—	古齡	吳功顯等五人(1988)	
台東縣海瑞國小	12	1.0	—	古齡	吳功顯等五人(1988)	
花蓮縣玉里國小	12	1.0	—	古齡	吳功顯等五人(1988)	
花蓮縣宜昌國小	11	0.76	—	古齡	吳功顯等五人(1988)	
南投縣名間鄉濁水村員集路省道旁	30(?)	—	7	>300	文紀鑾等五人(1993)	雌株

　　如上表，吾人實在看不出胸徑大小之與樹齡的相關，也無從得知作者們或其他人究竟如何「估算」樹齡的?!有無精確的歷史資料、在地環境因子（例如海拔、坡向、氣象因素、周遭植被……）、方法論等資訊？其中，似乎存有在地民情或人情考量？

而自詡全台最巨大、最高齡的埔里鎮同聲里「茄苳樹王公」是雄株，依據筆者於 2013 年 5 月 24 日上午口訪高松益先生，以及廟方的文字資料，其宣稱乃 1985 年邀請：「台灣大學農學士，中原路統信教授前來測計，樹高 17 公尺、胸徑 392 公分、周圍 9 人合抱，12.3 公尺，樹齡 1,229 年……」此等數據除非是樹王公託夢，否則誰人得以斷言?!

　　總之，有待研究釋疑。

✿茄苳與病蟲害或汙染議題

　　任何植物或多或少或不等程度罹患病蟲害，對人為汙染因素，亦有複雜的反應，在此僅舉一、二例子簡介。

　　陳其昌教授 (Chen Chi-chang, 1965) 曾調查、記載「茄苳月星病菌 (Pestalotia_bischoffiae Sawada)」，這是一種真菌，造成茄苳葉片上呈現暗棕褐、灰褐色的圓點，直徑大多在 0.5-2.5 公分。從台大校園、花蓮、南投竹山等罹病標本顯示，此病普遍，但茄苳每年皆將舊葉落盡。此月星病菌是日本人 Sawada，1942 年在台灣命名的新菌種。

　　然而，許多報告、報導指稱茄苳「抗病力或抗空氣汙染力低」，故在城市行道樹上漸漸消失 (吳純寬，1986)；「栽於市街者蟲害較多」(林文鎮，1981)，但筆者質疑此等或只經驗，或但傳說，或抄來的認定，其可信任的程度若何？

　　一株大樹至少顯著影響其樹冠以下的立體空間，相當

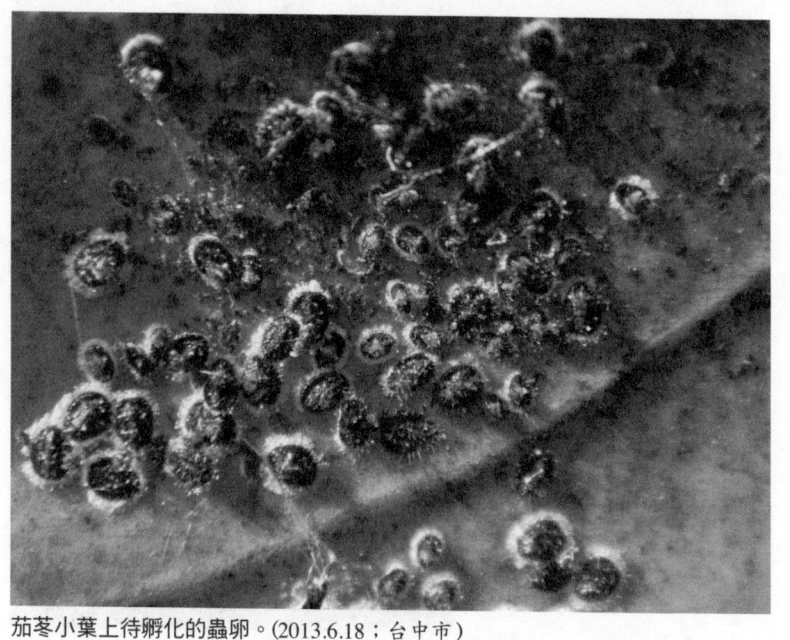

茄苳小葉上待孵化的蟲卵。(2013.6.18；台中市)

於一座生物性島嶼或生態系，其與鳥類（提供巢位、棲息、覓食、求偶、避害等）、松鼠或鼠類、兩棲爬蟲類、種類龐多的昆蟲（果蠅、白蟻、螞蟻、蜈蚣、蜂類、蝴蝶、蛾類、蚜蟲、瓢蟲、草蛉、螳螂、飛蝨、椿象、象鼻蟲、蟑螂、金花蟲、金龜子、膠蟲、蟬……不勝枚舉）、附生植物、寄生植物、苔蘚、地衣、真菌、細菌、濾過性病毒，連鎖交互關係網非常複雜，人們只就顯著現象，簡化敘述；一株大樹對其周遭的無機環境因子的交互影響，同樣地難以釐清，可以研究的項目宛似天文數字，人類殆只依自身目的論去挑選討論的現象或題目。

由於過往多聚焦於綠美化、環境汙染，且嘗試以植栽調

整部分環境因子的改善，連帶地，許多報告集中於空氣汙染與植栽的關係。此間，1980-2000年代，多探討工廠、汽、機車等空汙對樹種等相互影響，可笑的是，對能源或汙染源本身的改善毋寧才是關鍵！空汙與植物的研究報告隨意舉例如下：

被蟲蝕的茄苳葉。(2010.12.21；台中市)

林國銓 (1982) 試驗對林木為害最嚴重的二氧化硫 (氣態汙染物；來自火力發電廠、肥料廠、煉鋼廠、汽或機車排廢等等)，之與白花杜鵑、台灣欒樹、相思樹、黃槐、茄苳、紫薇、三裂葉蟛蜞菊等7物種的葉部傷害，其宣稱前3種較敏感，保括茄苳等後4種植物較具抗害能力。而茄苳葉受二氧化硫危害時葉面形成壞疽。

而如許博行、陳清義 (1990；1991) 等等，亦是試驗、討論硫化物對葉片的影響。由試驗與討論的結果來看，茄苳屬於相對高抗 (耐) 汙染的樹種，具有高排除毒性的生化機能。

此面向的交代但止於此。

⚘ 茄苳與台灣人文生態

台灣開拓史上，最與人民密切相關的原生植物，茄苳是其一。1980 年代下半葉、1990 年代初，全台老樹的登錄等活動，始將茄苳的民間文化略為推向檯面，雖則自來人與茄苳的關係不比尋常。此間，提及茄苳或老樹之與人文相關者，例如：文紀鑾等五人 (1993) 敘述：「由於受先民開發歷程之影響，現存老樹大都位於鄉野村落間，附近村落、橋梁、道路常以老樹之名命名，且因民間信仰關係，有老樹往往就有土地公廟、樹王公廟等，形成老樹、人類、神明三者間的微妙關係，產生共同的保護力量。」「……尚存巨木中，茄苳屬於最常見者之一，考其原因，可能和早期開發本地之山胞習俗有關，原高山族傳說中，有砍伐茄苳者便見血，以及樹被鋸斷，人亦俱亡之說法，所以茄苳巨木留存者較多……」另述，南投名間鄉濁水村員集路 34 號宅前省道邊的「茄苳神木公 (建有樹王公廟)」，與埔里「茄苳樹王公」、里港「茄苳尊王」、台中「茄苳王公」，互有「會香交流，形成人、神、樹之特殊交流與信仰」。

陳明義等三人 (1994) 認為：「這些老樹之得以留存下來，主要是因為民間對『神』的敬畏，以及做為神樹契子 (即義子) 的習俗。有大樹，一般就會有小廟，小廟包括：樹神 (樹王公、茄苳公、樟樹公、松仔公)、福德祠、伯公祠 (客家地區)、福楓廟 (礁溪)、石頭公 (新社)、有應公 (萬靈祠等)。各地茄苳大多在農曆八月十五日祝壽，各茄苳公廟之間，亦

常有相互造訪的聯誼活動。」其等又說，花東所列管的老樹之所以留存，有因「原住民之習俗而留存者。如卓溪鄉太平村之大葉雀榕，即因當地族人認為有白蛇精棲附在樹上而加以保護」；有因「伐木發生意外而手下留情者。如卑南鄉明峰村之兩株大茄苳，即是因為砍樹者不明原因之死亡，而無人敢再加以砍伐」。餘如機關或特殊用地的保留；學校等保存日治時代的植栽。

其等亦敘述：「東部原住民各部落風俗不同，對老樹之態度亦有所不同。原住民一般不在老樹旁立廟祭拜。花蓮縣之老樹旁有小廟的不多……台東縣之老樹原亦無小廟，但隨西部移民之東來，拜樹之習俗亦隨之引入，先是在樹旁拜石頭公，爾後改建福德祠。迄今約有一半以上的鄉間老樹立有小廟……」

如上述，大抵較屬唯物科學之類的敘述，似乎避諱提到萬物有靈論、自然情操、人地關係、土地倫理，以及唯心宗教等等面向。至少，其已提及或涉及的文化特色簡析如下：

1. 鈴木清一郎 (1934；轉引陳玉峯，2012b；359-380 頁) 將台灣人對「神明」的概念粗分為自然崇拜、人類崇拜及器物崇拜。自然崇拜又分為無機界的自然崇拜，例如日、月、星辰、天象、風、山、海、土地、石頭等等，以及有機界的自然崇拜。

   而有機自然崇拜以「凡樹高百尺以上的大樹，一律當作神靈來祭祀，例如榕樹公、茄苳公、莿桐公等；以動物

神祭祀的廟宇，如⋯⋯龍王等，另如附屬於福德正神的虎爺、蛇聖公、龜聖公等」。

事實上「樹大即為神」，這是台灣華人「萬物有靈論」的推衍，且係特別顯著者的現象，但歷來似乎較欠缺進一步的研究。

2. 原住民繁多族系、部落各有其豐富的自然文化，以及種種精靈說，文紀鑾等五人 (1993) 之「砍伐茄苳見血、樹斷人亡」，以及陳明義等三人 (1994) 之「砍伐茄苳者不明原因死亡、無人敢再伐木」等「據聞」，可能混合了原住民及華人的說辭，有待進一步釐清。

就茄苳樹木材及汁液的顏色，的確可讓人聯想血紅或相關咒咒，這在農業時代誠乃常態，基本上仍然是萬物有靈論之延伸。

3. 茄苳巨木被奉為神靈且存有許多「契子」的習俗，全台司空見慣。此乃緣於農業時代環境衛生不佳，醫藥、醫療欠缺，且多為民俗療法，幼兒、幼童夭折率高，加上台灣人觀念中相信運氣、運道可以感染、沾染 (故有憑藉富貴、多子孫人家沾染好福氣的「縮水米」行為；陳玉峯，2013)，若為神明賜福，自為更佳，是以茄苳巨木既長壽，又有靈氣，故而父母常為孱弱子女，拜祭茄苳王公為「契父母」，孩童為其「契子」。事實上，拜媽祖等「正神」而為「契子」者，更是頻繁。依道教俗例，此等「契子」抽象關係，至成年的 16 歲時，自然消除義子關係，蓋因成年之後，夭折率已大大降低之使然。

4. 台灣神明各有其神格或位階大小，也各有其勢力範圍或謂之「境界」（故而很多神明的勢力重疊時，得選出境主）。茄苳公與土地公的關係有時各自獨立，大約同格，即管轄地方之神；有時土地公稍高一等；有時茄苳公替代了土地公，凡此，端視在地傳統或靈驗效能而定，不一而足。而如茄苳公者誠乃一方之自然神靈，且其必須是活體植物而具靈驗者，隨著時代演變或交通發達之後，台灣宗教界各廟宇的進香或交誼的風氣流行，茄苳公遂自成一格，形成大樹之神的會香圈或交誼圈。最有名的範例便是埔里茄苳樹王公、名間濁水茄苳神木公、台中茄苳王公及里港茄苳尊王，形成甚具特色的交誼、會香文化。然而，此一會香文化的內涵，有待進一步追溯。

5. 人、樹、神之共榮體產生一股保護地區樹島，或大樹區之維持長期的穩定性，避免該樹島或大樹區在社會變遷、都市化或工程改變地景而被摧毀或消失，這在台灣華人文化中，乃極其稀有的，因宗教或自然情操而作出的微小生態系的保育。對照全球屢見不鮮此類型的自然保育事工或案例，台灣早該好好研究自身文化的內涵，進而彰顯、推廣此面向的社教。奈何，繼全國的老樹登錄、列管之後，卻裹足不前，坐令老樹表面接受體制保護，實際上往往更遭凌虐，例如各家所言「老樹巨木面臨的問題」（上述二文獻等等）。

另一方面，近年來原住民民族植物學的調查與研究已有長足進展，但似乎集中在「用途」面向，例如李麗雲等

四人 (2009)；王志強等五人 (2011) 等等。而卑南族語的茄苳讀如 tru'er(下賓朗語、利嘉語及知本語)、truur(南王語) 等；而卑南族房舍建築用材，茄苳曾用在柱子及外牆支柱。

據上簡析，明眼人或可看出若干關鍵暗示，例如茄苳其實已為我們搭建從自然到人文；從山林到都會；從前世至今生；從原文化、華人農業文化到現代文明的諸多橋梁，不止於此，此間，始終穩穩存在所有立論、敘述的基礎，卻始終無人一語道破的，在於人樹情感、人地情感、自然情操(人的根源)，乃至土地倫理的最佳媒介之一。為何台灣人始終參不透這些最佳墊腳石，而步上主體活體文化的傳承與創造？主要問題、議題在於茄苳或老樹文化，迄今仍然滯留於「隱性文化」(陳玉峯，2012a)，筆者在此要先感恩台中中港路後壠仔的茄苳王公，2013 年 6 月 3 日的踏勘，為筆者揭開研撰茄苳的因緣。茄苳與台灣人文生態的詮釋與演繹，留待後敘。

此外，在傳統植物地理的討論中，金平亮三 (1936) 將茄苳歸類於「台灣、馬來及熱帶亞洲共同樹種」，其他如稜果榕、山黃麻、白匏子、菲律賓白匏子、楝樹等等皆屬之，夥同若干探討面向尚未在此陳述之外，綜上，殆即台灣百餘年來對茄苳資訊的總輯錄，或略加整理的結果。據此可知，台灣對於耳熟能詳的茄苳，所知仍然甚有限。

本文引用文獻

- 山田金治（許君玫譯），1957，台灣先住民之藥用植物，台灣研究叢刊第 43 種，台灣銀行經濟研究室編印。
- 中華林學會（編印），1967，台灣主要木材圖誌，中華林學出版社，台北市，台灣。
- 文紀鑾、何東輯、彭仁傑、黃士元、曾彥學（編），1993，南投——集集植物之旅手冊，台灣省特有生物研究保育中心出版，南投縣，台灣。
- 王志強、陳韋志、周佳儒、賴奇綺、廖冠茵，2011，走進西拉雅。民族植物手冊，西拉雅國家風景區管理處出版，台南市，台灣。
- 台灣省林業試驗所，1957，台灣森林帶及重要樹種之分佈，林業推廣專刊第 14 號。
- 甘偉航、陳財輝，1988，台灣之防風定砂植物，現代育林 3(2)：58-65。
- 吳功顯，1989，全台灣地區校園環境美化之研究（二）：東部地區校園環境美化之研究，行政院農委會 77 年生態執行第 21 號。
- 吳功顯，1990，校園常見植物解說手冊，行政院農委會、國立屏東農專編印。
- 吳佐川、周芳華、謝春萬，1997，綠美化植栽手冊 2，高雄縣政府出版，台灣。
- 吳純寬，1986，美化綠化植物介紹，台灣博物 5(3)：59-63。
- 李春來，1967，台灣經濟樹材酸鹼度之研究，台大實驗林研究報告第 53 號，1-13 頁。
- 李順合，1948，主要林木生長現象調查表，林試所所訊 33：258-260。
- 李麗雲、林佳靜、陳文德、鄭漢文，2009，卑南族的家與植物，國立台灣史前文化博物館出版，台東市，台灣。

- 汪淮，1980，樹薯稈製漿造紙之研究，台大實驗林研究報告第 125 號，133-156 頁。
- 周鍾瑄、陳夢林、李欽文，1717，諸羅縣志，台灣文獻叢刊第 141 種，台灣銀行經濟研究室編印，台北市，台灣。
- 林文鎮，1981a，台灣環境綠化樹種要覽（續），台灣林業 7(5)：25-29。
- 林文鎮，1981b，台灣環境綠化樹種要覽，農發會林業特刊第 1 號，行政院農委會印行。
- 林文鎮，1985，野鳥食餌植物之效益及培育，現代育林 1(1)：27-32。
- 林栯顯，1994，台中市珍貴老樹的歷史源流與掌故傳說，行政院農委會、省府農林廳、省文獻委員會、台中市政府編印，台中市，台灣。
- 林國銓，1982，二氧化硫對七種樹種葉部之可見危害，台灣省林業試驗所試驗報告第 379 號。
- 林崇智（纂修），1953，台灣省通志稿（卷一）土地志・生物篇，台灣省文獻委員會編，台北市，台灣。
- 林盛秋（編），1985，蜜源植物，中國林業出版社，北京，中國。
- 林渭訪、薛承健，1950，台灣之木材，台灣特產叢刊第七種，台灣銀行金融研究室編，台北市，台灣。
- 邱志明、王相華、陳永修、陳舜英、呂勝由，1994(二版)，墾丁森林遊樂園區、恆春熱帶植物園常見植物，林試所恆春分所編印，恆春，台灣。
- 邱慶全、吳清吉，1966，主要防風定砂植物開花結實及種子成熟期之初步調查，林試所所訊 227：2124-2127。
- 柳榾，1968，台灣植物群落分類之研究 (I)：台灣植物羣系之分類，台灣省林業試驗所報告 166 號。
- 柳榾，1970，台灣植物群落分類之研究 (III)：台灣闊葉樹林諸羣

系及熱帶疏林羣系之研究，國科會報告第 4 號，1-36 頁。

- 洪敏麟，1979(1985 年再版)，台灣地名沿革，民族文化叢書第十五種，台灣省政府新聞處編印，台中市，台灣。

- 洪敏麟，1980，台灣舊地名之沿革(第一冊)，台灣省文獻委員會編印，台中市，台灣。

- 胡茂棠，1957，林木種子發芽成苗與其生長之觀察(一)，台灣森林 3(5)：19-38。

- 徐國士、邱文良、張惠珠、呂勝由、林則桐、朱成本、范發輝，1985，墾丁國家公園熱帶海岸林復舊造林技術研究計畫報告，內政部營建署墾丁國家公園管理處印行。

- 徐渙榮，1965，太麻里分所轄區林木之開花結實及種子成熟期初步調查，林試所所訊 208：1817-1819。

- 馬子斌、陳政靜、熊如珍、黃清吟、陳欣欣、翟思湧，1979，重要商用木材之一般性質(增訂本)，台灣省林業試驗所林業叢刊第 1 號。

- 張惠珠、徐國士、邱文良、呂勝由、朱成本、范發輝，1985，香蕉灣海岸林生態保護區植物社會調查報告，內政部營建署墾丁國家公園管理處印行。

- 張榮財(編)，1975，花草樹木培植與高雄市區之學校環境美化，森林學會會報 17：39-62，屏東農專森林學會編印。

- 章樂民，1950，林業試驗所植物園樹木生活週期之觀察，林試所通訊 53：389-392。

- 章樂民，1965，台灣熱帶降雨林生態之研究(一)：環境因子與植物形相之研究，台灣省林業試驗所報告第 111 號。

- 章樂民，1966，台灣熱帶降雨林生態之研究(二)：植被之研究，台灣省林業試驗所報告第 126 號。

- 許博行、陳清義，1990，二氧化硫對不同綠化樹種葉片擴散阻抗的影響，中華林學季刊 23(1)：51-61。

- 許博行、陳清義，1991，亞硫酸鈉溶液處理對綠化樹種釋氧量之影響，中華林學季刊 24(4)：81-92。
- 郭城孟，1990，墾丁國家公園既有路徑沿線植物生態基礎資料調查及其解說教育系統規劃研究，內政部營建署墾丁國家公園管理處保育研究報告第 70 號。
- 郭風，1952，台灣之行道樹，台灣林業 1(3)：14-16。
- 陳玉峯，1984，鵝鑾鼻公園植物與植被，墾丁國家公園管理處出版，墾丁，台灣。
- 陳玉峯，1985，墾丁國家公園海岸植被，墾丁國家公園管理處出版，恆春，台灣。
- 陳玉峯，1995，台灣自然史——台灣植被誌（第一卷）：總論及植被帶概論，前衛出版社，台北市，台灣。
- 陳玉峯，1997a，台灣自然史——台灣植被誌（第二卷）：高山植被帶及高山植物(上)、(下)，晨星出版社，台中市，台灣。
- 陳玉峯，1997b，台灣生態史話 15 講，前衛出版社，台北市，台灣。
- 陳玉峯，1998a，台灣自然史——台灣植被誌（第三卷）：亞高山冷杉林帶及高地草原(上)、(下)，前衛出版社，台北市，台灣。
- 陳玉峯，1998b，嚴土熟生，興隆精舍暨台灣生態研究中心印行，高雄市，台灣。
- 陳玉峯，2000，土地倫理與 921 大震，前衛出版社，台北市，台灣。
- 陳玉峯，2001，台灣自然史——台灣植被誌（第四卷）：檜木霧林帶，前衛出版社，台北市，台灣。
- 陳玉峯，2004，台灣自然史——台灣植被誌（第五卷）：台灣鐵杉林帶(上)、(下)，前衛出版社，台北市，台灣。
- 陳玉峯，2005，台灣植被誌——地區植被：大甲鎮植被，前衛出版社，台北市，台灣。

- 陳玉峯，2006a，亂世鴻爪，淨心文教基金會出版，高雄市，台灣。
- 陳玉峯，2006b，台灣自然史──台灣植被誌（第六卷）：闊葉林（Ⅰ）南橫專冊（上）、（下），前衛出版社，台北市，台灣。
- 陳玉峯，2007a，台灣自然史──台灣植被誌（第六卷）：闊葉林（Ⅱ）下冊，前衛出版社，台北市，台灣。
- 陳玉峯，2007b，台灣自然史──台灣植被誌（第六卷）：闊葉林（Ⅲ）(上)、（下），前衛出版社，台北市，台灣。
- 陳玉峯，2007c，台灣自然史⑭──物種生態誌（一），前衛出版社，台北市。
- 陳玉峯，2010，前進雨林，前衛出版社，台北市，台灣。
- 陳玉峯，2011，興隆淨寺（一）：1895年之前，愛智圖書公司，高雄市，台灣。
- 陳玉峯，2012a，台灣素人──宗教、精神、價值與人格，前衛出版社，台北市，台灣。
- 陳玉峯，2012b，玉峯觀止──台灣自然、宗教與教育之我見，前衛出版社，台北市，台灣。
- 陳玉峯，2013，蘇府王爺──台灣素民史之一例，前衛出版社，台北市，台灣。
- 陳玉峯，未出版，台灣自然史──台灣植被誌（第七卷）：海岸植被（上）、（下）。
- 陳明義、楊正澤、陳瑩娟，1994，珍貴老樹解說手冊，台灣省政府農林廳、中華民國環境綠化協會出版，台灣。
- 彭仁傑（編），1997，雲林縣植物資源，台灣省政府農林廳、特有生物研究保育中心出版，南投縣，台灣。
- 游以德，陳玉峯，吳盈，1990，台灣原生植物（上）、（下），淑馨出版社，台北市，台灣。
- 黃松根、呂枝爐，1963，六龜分所扇平境內主要樹種開花及種子

成熟期調查，林試所所訊 177：1566-1568。

- 黃增泉、謝長富、謝宗欣，1991，觀音海岸自然保護區之植物相調查，台灣省農林廳林務局保育研究系列 80-85 號報告。
- 楊吉壽 (編著)，1998，高雄市珍貴樹木，高雄市政府出版，台灣。
- 楊武俊，1984，台灣經濟樹種開花結實及種子發芽形態之研究，台灣省林業試驗所試驗報告第 413 號。
- 楊勝任、張慶恩、林志忠，1990，蘭嶼地區植物資源特性之調查，屏東農專學報 31：143-178。
- 楊遠波、呂勝由、林則桐，1990，太魯閣國家公園石灰岩地區植被之調查，內政部營建署太魯閣國家公園管理處印行。
- 葉慶隆、洪寶林，1993，雙流森林遊樂區常見植物，國立屏東技術學院、林務局屏東林區管理處編印。
- 路統信、鄭瓚慶，1983，都市行道樹，中華林學季刊 16(3)：287-302。
- 廖日京，1958，陽明山公園之樹木，省立博物館科學年刊 1：77-88。
- 廖日京，1959，台北樹木生活週期之考察 (一)、(二)，台灣森林 9：23-24；10：17-31。
- 廖日京、田中進，1998，台灣獼猴之食餌樹木，台大實驗林研究報告 2(3)：59-65。
- 廖日京、何豐吉，1970，樹木與四季之關係，台灣省立博物館科學年刊 13：47-51。
- 劉國柱、歐潤芝、黃瑞齡，1984，台灣藥用植物之探研 (三)，國立中國醫藥研究所出版，台北縣，台灣。
- 劉棠瑞，1956，台灣樹木之板根，台灣森林 2(7)：1-3。
- 劉棠瑞，1962，台灣木本植物圖誌 (上)、(下)，台灣大學農學院叢書第 8 種、林學叢書第 1 種，台北市。

- 劉棠瑞、林則桐，1978，台灣天然林之群落生態研究（四）：蘭嶼植羣與植相之研究，台灣省立博物館科學年刊 21：1-80。
- 劉棠瑞、劉儒淵，1977，恆春半島南仁山區植羣生態與植物區系之研究，台灣省立博物館科學年刊 20：51-150。
- 劉棠瑞、應紹舜，1971，台灣的行道樹木，森林 5：1-25。
- 劉業經、呂福原、歐辰雄，1988，台灣樹木誌，國立中興大學農學院叢書第 7 號，台中市。
- 劉儒淵，1977，植物物候的觀測，森林 10：64-80。
- 蔡振聰，1984，台灣原產觀賞植物之調查研究，台灣省立博物館年刊 27：45-73。
- 蔡達全，1967，中埔分所澐水林區主要樹種開花結實及種子成熟期調查，林試所所訊 231：2180-2182。
- 鄭元春、張之俊，1980，台灣的野生食用植物，自然科學文化事業公司出版，台北市，台灣。
- 鄭元春、蔡振聰、安奎，1986，台灣蜜源植物之調查研究，台灣省立博物館年刊 29：117-155。
- 謝阿才，1963，諸羅縣志錄植物名考（六），台灣省立博物館科學年刊 6：83-108。
- 蘇鴻傑，1977，墾丁風景特定區植被景觀之調查與分析，國立台灣大學農學院森林學研究所。
- 山本由松，1940，台灣植物概論，台北帝大理農學部植物分類生態學教室。
- 工藤祐舜，1931，台灣の植物，岩波書局印行，日本。
- 本多靜六，1899，台灣ノ森林帶こ就テ，植物學雜誌 13(149)：229-237；13(150)：253-259；13(151)：281-290。
- 正宗嚴敬，1936，植物地理學，養賢堂發行，東京，日本。
- 金平亮三，1935，樹木の地理の分布から見た紅頭嶼と比菲律賓との關係，日本林學會誌 17(7)：530-535。
- 金平亮三，1936，台灣樹木誌（增補改版），台灣總督府中央研究

所林業部印行，台北，台灣。

• 鹿野忠雄，1931，紅頭嶼動物地理學の研究，地理學評論 9(5)：
  38。

• 鹿野忠雄，1935；1936，紅頭嶼生物地理學に關する諸問題，地
  理學評論 11(11)：950-959；11(12)：1027-1055；12(1)：33-46；
  12(2)：154-177；12(10)：911-935；12(11)：997-1022；12(12)：
  1107-1133。

• 鈴木重良，1937，台灣海岸植物一覽，季節風調查會誌第一號，
  108-179 頁。

• Chen Chi-chang（陳其昌），1965，Survey of epidemic diseases of
  forest trees in Taiwan II. Memoirs of the College of Agriculture N. T. U.
  8(2)：67-85。

• Li Hui-Lin，1971，Woody Flora of Taiwan，新陸書局出版，台北
  市，台灣。

〈茄苳三部曲〉二：
茄苳王公因緣

❧ 前引

2013 年 5 月中旬，我接到大傳系學生電子信，說是台中中港路茄苳王公面臨即將動工的 28 層大樓危機，她們要拍紀錄片，想要現勘且採訪我的看法。我答允後，以事多，想推辭，但學生們以在地里長堅持為由，還是希望我去。

5 月 24 日「山林書院」營隊野外課程前往合歡東峯，楊國禎教授與我搭乘陳要忠先生開的小車先行，以時間充裕，楊臨時提議，先去看埔里昔日興大實驗林的某株未知樹，順便在近旁看看一株「茄苳樹王公」。

6 月 3 日，我依約，會同蔡智豪老師前往中港路原「後壟仔」茄苳老樹區，先行拍攝樹體等。午後一時半，當我靠近右側主幹，一抬頭，赫然發現離現地約 2 公尺餘高的樹幹上，浮現「玉峯」二字，而樹冠破空直射下來的小束陽光，不偏不倚正照在二字之上。起初我以為有人惡作劇刻字，經仔細勘驗，卻是真實原本的樹皮浮圖。我喚蔡前

2013 年 5 月 24 日訪問高松益先生，背景大樹即埔里同聲里茄苳樹王。

埔里同聲里茄苳樹王。(2013.5.24)

來觀看，他也嘖嘖稱奇。我只好自我解嘲，是茄苳王公指名、召喚我來搶救大樹危機的！

於是我發願，要在一個月內撰寫關於茄苳，相對最完整的資料，提供予「均安宮神木守護聯盟」，並義務規劃茄苳王公區的未來藍圖，希望為此一生態地標，催生較合宜的保護暨解說園區。

然而，當我研撰〈茄苳總說〉一文的後半時，漸次了悟我錯了！

❦ 埔里茄苳樹王公

世間事往往很奇妙，而我將生平做事，無有刻意、水到渠成產生的結果叫做自然而然，約略相當於佛門所謂的隨順因緣。1936 年 6 月 15 日，日治總督府中央林業部長關文彥，於該年 2 月 22 日由台東出發，26 日抵六龜，勘查關山越嶺路之後，撰寫了〈關山越〉一文的最後一段敘述：(陳玉峯，2006；574 頁)

「荖濃溪因連日豪雨而湍湍滔滔，它若無其事地流逝，碰到岩石就避岩石，遇高地即就低處，一直隨順地流到應到的地方，而達成其目的。我回憶曾經三次關山越的經過足跡，仰望著令人懷念的山中寂靜。」

我在幾十年前第一次看他的文章之後，迄今始終對這段文字印象深刻，以致於 2013 年 6 月間書寫茄苳時，它又無端進入腦海。

茄苳與我就是這種感覺，如是因緣。

埔里同聲里茄苳樹王公廟。(2013.5.24)

　　2013 年 5 月 24 日早上，因為楊的臨時一念，我口訪了埔里鎮同聲里南安路的「茄苳樹王公」廟方人員高松益先生，夥同其書面資料，加上個人所知，茲將該神樹的相關資訊輯類如下：

　　1. 埔里鎮茄苳樹王公（該樹為雄株）位於今之同聲里南安路 115 號，許姓人士私有地內。今之地主的祖父曾想將地及樹獻給地方，但陰錯陽差拖延迄今，而公家單位無適合土地交換，縣府亦曾經找財團等認購，卻始終湊合不了因緣。是以今之神樹大周圍，以圍牆隔離之。

　　2. 此神樹旁側南安路邊（115 號），1997 年新設兩小廟。面

埔里同聲里茄苳樹王旁另有土地公、婆廟「興南宮」。(2013.5.24)

「興南宮」奉祭的土地公、婆。(2013.5.24)

對廟體及背後茄苳，左側是「茄苳樹王公」，右邊是拜土地公、婆的「興南宮」。興南宮在 1997 年之前，係位於神樹由地面算起，第一橫向大側枝之下方。此一大側枝北鄰，大致平行於南安路，原本有條圳溝，設有拱橋，後來填土拆除。這條圳溝約東西走向，推測原先乃天然水道，只要調閱日治時代地圖即可校訂原址（待查）。

本神樹，以及其東方的枇杷里另存有茄苳巨木，我認為，正是埔里鎮東側虎子山（海拔 556 公尺）及南方 719 山頭連線的集水區，匯水流向埔里盆地的諸多小溪（溝）之一的生物性子遺證據。也就是說，虎子山等埔里東側小山區匯集雨水，往昔存有許多天然水道流向盆地，這些在埔里盆地上的天然水道兩側，原始時代必定存有茄苳天然林。而茄苳神木正是開發之後的殘存。

3. 埔里同聲里座落於埔里盆地約正南隅，古地名叫做「茄苳腳」（日治時代謂之台中州能高郡埔里街茄苳腳），筆者由文獻等（洪敏麟，1975）估計，此一地名的使用時程至少 170～200 年。

同聲里茄苳樹王公廟的文本記載：1769 年（乾隆 34 年），天水夫人等九人，由鹿港挑運洋火、食鹽、什貨，經集集、水里、鹿蒿，來到埔里跟平埔族以物易物行商。後來探悉循南烘溪，經草屯入埔里的路徑較快速，因而改道挑運。有次，商隊正在茄苳樹王附近整理貨品之際，忽遭平埔族圍困，誤認為華人入埔侵奪地盤，而天水夫人略通原住民語言，在她斡旋之下，雙方約定月圓之夜運貨交換，

但為恐華人耍詐，押天水夫人為人質，如有違約即殺人質。不料由鹿港入埔商隊誤闖北港溪，以致延誤一天，導致天水夫人於十六日被斬，而隔天商隊始到，原住民方知誤殺。此即後人為其設置「義女廟」的由來，該廟位於距離茄苳樹王公廟約 300 公尺處。

據稱，1760 年代以降，茄苳神樹以目標顯著，成為各地前來埔里交易約會的場所。若此為實，此樹樹齡必然超過 3 百年。

4. 據上，且高先生宣稱 1769 年之際，「四社蕃」平埔族人已入據埔里。筆者質疑且略作註腳如下：

已知埔里最古老的住民是邵族（埔番）及泰雅族（眉番）。1666 年鄭氏王朝的武將劉國軒駐紮彰化（半線）。1670 年中秋前後，北港溪上游阿蘭社附近的泰雅族人反明鄭，鄭經親率三千兵士討伐，深入到今之國姓鄉。連橫的《台灣通史》說，內國姓庄是劉國軒駐軍之地，用來鎮壓「北港溪番」者，「庄人數十戶，皆祀延平郡王」（日治時代），故而已知華人於 1670 年代最早逼近埔里地區。

1670 年底，沙轆平埔族反明鄭，被劉國軒滅族，隔壁的「大肚番」震恐，遷移於內山，劉國軒追趕到北港溪。然而，這些平埔人「拍瀑拉族 (Papora)」是否落腳埔里，未有記錄。

1720 年代，埔里的邵族已歸順納貢於清廷。

1759 年，設置南投縣丞。

1762 年，日月潭地區已被華人局部入墾。

虎子山區俯瞰埔里盆地。(2013.5.24)

　　1766 年，清朝設「南北兩路的理番同知」，管制華人入侵原住民領域。

　　1769 年，埔里茄苳神樹附近，發生原住民誤殺天水夫人事件。

　　1771 年，漳州人入侵「林尾庄」、1775 年建「柴橋頭庄」。此二庄適中之地，人民往來日漸頻繁，故而 1780 年形成街肆，也就是現今「集集鎮」的由來。

　　1784 年，鹿港正式開港。

　　1787 年 1 月 16 日，林爽文起義反清，最後兵敗曾逃入埔里內山。

埔里盆地的原始時代必有「茄苳純林」。(2013.5.24)

　　1814 年，埔里發生華人郭百年大規模入侵，大量屠殺
邵族人的歷史大悲劇事件。

　　1820 年代以降，台灣中部平埔族人始告大規模遷居埔
里。先後或同時移入了洪雅族、拍宰海族、道卡斯族、拍
瀑拉族、巴布薩族等，「……其原居地及語言、風俗雖各
異，然卻同以『打里摺』(番親)之觀念，而立有合約字，
以共同對付漢人與高山族，並合力拓墾，永久維持埔里盆
地為純平埔族殖民地。換言之，平埔各族群是以埔里盆地

為地理界限，形成了一個以打里摺為單元的地域團體，在共同的地緣、血緣的感覺下，以共同集體的意識，遵守共同活動的一個人口集團……」此一打里摺發展於 1823～1861 年間（洪敏麟，1975；4、62 頁）。當然，後來華人的大舉入侵，再度瓦解中部平埔族人最後的大社區或聚集地。

而同聲里茄苳樹王公所在地，在 19 世紀前、中葉，屬於來自洪雅族原北投社 (Savava) 平埔人的勢力範圍。

換句話說，筆者質疑天水夫人案件發生的年代，或茄苳樹王公廟方人員指稱的「平埔族」，是否為「邵族人」？或許近幾十年來地方文史工作者，已經研究透澈此等歷史

台中市中港路後壠仔茄苳王樹幹。(2013.6.3)

台中市中港路後壠仔茄苳王半景。(2013.6.3)

變遷也未可知？無論如何，我認為要談茄苳樹王公的文史背景，一定得弄清楚，而有了全方位的資訊，才可能銜接天、地、生、人的網狀關係，從而建構人地情操或土地倫理，否則，主體意識永遠會是殘缺與病態。

5. 同聲里茄苳神樹據稱 1985 年的測量為：樹高 17 公尺、胸徑 3.92 公尺、周長 9 人合抱或 12.3 公尺。如果此數據準確，則 28 年後的現今再予測量，或可求取巨木的生長速率，建立一個參考數據。

6. 宗教之所以為宗教，其唯一特徵或必要特徵在於「靈

驗」，或曾經且不斷產生超自然的效應，或人心效應。同聲里茄苳樹王公在農業時代，曾經救渡許多無助的人們，例如家中不順、小兒難養，人們前來祭拜樹王公，採摘枝葉回家洗滌或食用治病，據稱靈驗非常，許多小孩更成為樹王公的「契子」，而健康成人。

然而，更多的靈異事例有待早日進行耆老口訪，且從其中萃取人地情感及其內涵。至於 1958、1959 年八七、八一水災時，這株神樹也成為村人的救災、避難地，應予訪談當年的避難者。

我在 5 月 24 日短暫口訪的當下，其實已萌生該是撰寫茄苳誌的時候了。

台中中港路後壠仔茄苳王公

1993 年筆者全職為林俊義教授競選台中市長而效命，當時林的競選總部就是設在現今正要建築 28 層樓的基地上，且過中港路對面，就是後來發生火燒悲劇的「衛爾康餐廳」。

也就是說，20 年前我早已會見過此神樹了，卻得等待 7 千 2 百多個晨昏之後，我才來了卻我的責任。

依據財團法人台灣省台中市均安宮 (2013) 的農民曆書資料，這株神樹樹高 25 公尺、胸圍 15 公尺，樹齡「據稱」千餘年，且曾經在 1992 年中秋節慶祝「千歲大壽」(陳明義等三人，1994；12 頁)；之前，1980 年台中市政府曾將之列為第四號古蹟老樹。奇怪的是，同一本農民曆，卻出現該樹

台中市中港路後壠仔茄苳王公廟。(2013.6.3)

的另一數據，說它樹高 20 餘公尺，腰圍 12 公尺？凡此數
據在筆者尚未驗證之前，但保留之。

又，由現場公園、廟壁銘刻及口訪得知，茄苳王公廟
於 1982 年，初建廟於今廟的斜後方樹下。1994 年梅川加
蓋，大改地貌，在河道做涵管、取直，劇烈地變動地下水
文系統，原本出泉數處，今已完全消失。1995 年 7 月設
立今之茄苳公園，茄苳王公廟移位重建，1996 年 2 月新
廟落成於今址。

2013 年 6 月 3 日午後，蔡智豪老師載我前來勘查，也接
受若干媒體的採訪，之後我到「均安宮」，口訪郭耀泉里

台中市中港路後壠仔茄苳王公神像。(2013.6.3)

長及陳玲玉鄰長等，證實我對此茄苳神樹與水源生態的相
關，對 28 層樓的開挖及陽光阻絕等，斷定必然傷害神樹
生機。

　2013 年 6 月 9 日，均安宮及茄苳神木守護聯盟發起搶救
的「祈福遶境活動」，並以黃絲帶、呼籲性的紅布條等，
圍繫神樹四周，隨後舉行老年合唱團等，在樹蔭下的活
動。

　我應邀現場發表的「茄苳公守護運動講稿摘要」如下：
　感恩台灣、台中這片天地、眾神、茄苳王公！
　現場鄉親、序大，大家平安！大家好！

台中市「均安宮」。(2013.6.3)

接受口訪的陳玲玉鄰長。(2013.6.3)

因緣際會下，我來後壠仔跟大家一齊保衛我們靈魂的原鄉，捍衛台中市文化最深邃的根源——茄苳王公！

　　個人研究台灣山林生態 38 年，近年來，復到印尼婆羅洲，調查研究熱帶雨林之後，大概勉強可以向大家報告，咱作伙來保護這株茄苳公的意義與依據。

　　1. 南亞、東南亞赤道熱帶雨林林型之一的「茄苳林型（通常與榕屬植物混生）」，其最北分佈到台灣，我推測是在最後一次冰河期北退之後，藉助海飄或動物傳播來到台灣。大約 1 萬或 8 千年來，來到台灣的茄苳族群，不斷地適應台灣的風土環境，而漸次演化。它們在東南亞赤道附近的原型是高聳直立的樹體，有如東南亞的特徵雨林「龍腦香科樹型」，樹高可超越 40 公尺（陳玉峯，2010，《前進雨林》一書）；它們的祖先來到台灣以後，可能因季風、颱風、諸多風土環境因子的作用，後來發展出低矮平展的大樹體，樹高平均在 15 公尺以下。

　　我以一生的研究敢於確定，咱後壠仔茄苳公附近，在原始時代或 2、3 百年前，必定是茄苳純林的分佈區，且此一分佈區大致呈現南北長條走向。這片已消失的茄苳林，正是台灣、台中市區熱帶雨林的原鄉。

　　2. 我調查、研究全台灣森林生態之後認定，只要是茄苳純林或茄苳巨木所在地，通常必定是地下水源或湧泉區，或至少其根系深入此水脈區；茄苳林凡天然所形成者，正是地下水源的活體生態指標。

　　而台灣先民建庄拓殖的先決或必要條件，必須尋獲水源

地，因此可以說，在台華人四百年史，幾乎就是一部茄苳的原鄉史。

3. 後壠仔茄苳王公這附近，正是台中市區開拓史上，迄今唯一孑遺或殘存的自然生態史蹟區，也是台中市區最具自然、人文、宗教、茄苳雨林地景的代表區。俗話說：吃菓子拜樹頭，飲水思源，後壠仔茄苳王區理當成為台中市尋根溯源的最佳根據地。

台中市（舊行政區）從大坑山稜的年度乾旱生態極區，到市區梅川水系水源極濕熱帶雨林區，正是台中市風水兩極端的代表，失其一，則台中市風水陰陽，頓喪其一而失卻平衡、無法調節。

4. 後壠仔茄苳王公區最該規劃成為台中市中心，最足以形成天文、地文、人文、生文的統合性自然暨文化園區，一方面確保此株茄苳神樹得以繼續健康存活、庇蔭在地；另方面應該復育部分區域，使之重現原本的茄苳原始熱帶雨林。同時，加上研究、撰述、設置台中聚落發展史的文物館，從而形成台中自然史的解說教育重鎮。若能如此，則茄苳公、茄苳爸、茄苳子、茄苳孫，夥同其伴生物種、鄰居（例如稜果榕、山棕、姑婆芋等等），重現其原生生態系，果真得以完成，則遠比科博館耗資龐大去建構非洲、美洲的熱帶雨林，更具在地價值、意義暨科學知識的教化目的。

此一自然風土暨聚落發展史的全境文化園區若能成立，則足以解說教育台中能有今日發展的根源與脈動，完整詮釋我們的活水源頭與世代變遷。

6月3日我來此勘查，無疑悟茄苳王公顯靈，樹幹浮現我的名字，好像在召喚我來跟大家一起充當保護的義工。我私下向茄苳王公發願，我會在一個月內完成茄苳研究史上較詳盡的一篇報告，更祈願茄苳王公向市政府執事，暨開發業主顯靈，願大家結好緣，一齊來成就百年好因緣！

茄苳王樹幹上赫然浮字「玉峯」。(2013.6.3)

　鄉親朋友們，只要鄉親願意為自己的鄉土堅守崗位，勇敢而坦率地表白我們的鄉土情懷，我更願意義助市政府、後壠仔庄，好好規劃、保護、復育這片茄苳自然、人文活體史蹟區。

　6月3日我口訪郭里長、陳鄰長、徐太太（徐坤賜醫師夫人）等，驚訝於大家對待茄苳王公的那份坦真、纖細的情感流露。里長、鄰長在陳述茄苳公時，都忍不住哽咽而無從言語；陳鄰長表達她曾經在試圖搶救昔日梅川水源地時，曾遭管區警員以性別歧視斥回時的落寞。我問她在無能為力時的心情，她回答：「真想趕快逃離故鄉！」那份悲心的

重量，我了然。

想起多年前我在調查高雄台 21 公路（延伸進去即 88 災變區）旁植被，當我在測量溪澗地的一株茄苳巨木時，有位約 80 餘歲的阿婆，騎著摩托車打從公路行。她一直盯著我看，我則擔心她騎車的安危。她騎開約百公尺之後，猛然掉頭，折回茄苳處，不斷跟我講述該株茄苳的往事。

原來，該株大茄苳所在地的溪澗，往昔正是村姑洗衣的湧泉處。阿婆在她二八年華之前，幾乎天天在該樹下洗衣。試想一位合該唱著「望春風」花樣年華的少女，正值最富幻想的年代，唯有該株茄苳樹相伴，卻一輩子未曾與他人分享。而在垂老時分，看見有人關懷該樹，她拚著老命也要回來跟我訴說！

鄉親朋友們，人生在世沒多久。人在往生前想到的，往往不是曾經做過什麼豐功偉績，而是該做卻未做的有意義的事。搶救我們共同的記憶以及鄉土活見證，正是這樣子的文化傳承啊！

我一生搶救台灣山林，為綠色生界請命。近年來我才發現，我從來沒有搶救山林，而是台灣山林從來都在搶救我們！如果我有前世，必也是山林中的修行人；如果我有來生，希望我是在最最惡劣土石流區的一株大茄苳。在被肢解之前，在粉身碎骨之前，我還是吶喊，還是要伸出每條根系，牢牢地捍衛我們共同的地土母親！願大家共勉之！

郭耀泉里長指著茄苳神樹長出真菌的腐朽處。(2013.6.3)

❧ 我的懺悔

後壠仔茄苳王公的顯靈事件雷同於埔里，都是在台華人農業時代的契子文化、救災救難等等。陳鄰長另引述，曾經有颱風洪峯帶來巨大的漂流木，擱淺在茄苳公旁，而童乩接近漂流木時猛然起乩；黃慶聲老師也轉述某耆老說，曾有往生者送葬隊伍經過茄苳王公旁側之後，就會大量落葉，且經延請法師誦經，始告停止落葉並萌長新葉。

而茄苳王公區的確是台中市重大水源地，1960 年代美軍眷村座落於此。1964 年美軍拍攝的照片顯示，今之茄苳神樹周圍後來被填土、加高了約 2 公尺餘。

事實上，市府及在地人民如果真有心於鄉土神樹的維護，早該進行龐大的文史、地貌大變革鉅細靡遺的總調查，追溯地文、人文及其他面向的變遷，從中萃取、歸納新規劃的原則、依據與改善的策略或方向。6 月 3 日及 9 日，後壠仔在地居民予我強烈的人地情感印象，里、鄰長以降，他們流露出世居故鄉濃濃的鄉土大愛，卻苦於知識、理氣的不足，以及都會怪獸鋪天蓋地的高壓，在不堪之餘，且在護樹聯盟來自山海各地友人的支持下，終能挺身而出，相信諸多軟體口述史的採訪、調查等，可以逕自完成。

　　而我該盡力於承諾的部分，提供茄苳生態知識或資訊的總撰已完成。然而，在我書寫到後半時，我懺悔我的魯莽與知識殘存的傲慢，因為過往 2、30 年對老樹、神木等，雖然表面上做保護，實質上卻淪為囚禁老樹、阻絕生機及世代發展的機會，只讓老樹陷入更嚴重的消費樣板，這涉及老樹及土地情感，久來屬於被壓抑、被禁錮的「隱性文化」有關。是在外來強權價值系統之外的「俗民文化」，如同被貶為萬教雜宗、雜神信仰的台灣宗教，只藉古老的「觀音法理」而內斂自求，無法尾隨時代進展而深化與創造，更扭曲台灣傳統的人地關係、土地倫理，使之停滯於「俗民」低下、沒水準、迷信、無知的代名詞，卻聽任西方唯物的科學、資本主義、物慾解放的推波助瀾，形成消費自然、瓦解從土地到主體文化創建的機會。而我 30 餘年來憑藉台灣自然山林予我的熏習、感染與教導，也讓我

變成某類該死的專業或專家，卻無能將底蘊分享、傳遞於同胞，建立台灣文化的地基，了盡我個人在此世代最基本的天責。

如今，茄苳王公垂憐，顯靈浮字，不是要我去「保護」什麼表象，而是再度賦予我機會，去彌補我過往的無知、傲慢與失責，讓我善加反省數十年來為何無能將保育精髓文化，引渡到都會文明社會。

茄苳因緣是種恩寵與賞賜，我必須書撰三部曲！

28

〈茄苳三部曲〉三：
茄苳全境生態學
——兼論茄苳王公區規劃的若干原則

✿ 寂寞而死的母樹

參與 2013 年 6 月 9 日台中中港路後壟仔，搶救茄苳神木祈福遶境活動之後，公共電視「我們的島」記者林燕如問我：「現今老樹、神木的保護出了什麼問題？」

1983 年我從碩士研究所畢業後，下半年前往林業試驗所，擔任野外調查的臨時雇工，當時林試所資深的柳榗教授對我很好。有天早上遇見他，他很興奮地跟我大嚷：「陳玉峯，我終於研究出來啦！你知道母樹為什麼會死嗎?!」

台灣在數十年砍伐檜木林的過程中，在皆伐的林地上，往往會留下幾株檜木大樹，用來當作在地天然下種的母樹，或聊充育苗造林採種之用。奇怪的是，各林區保留下來的母樹，不出幾年後，頻傳無疾而死，無論伐木時是何其小心翼翼，絲毫未曾傷及欲保留的母樹，偏偏一株株母樹還是莫名其妙地死亡。此現象困擾了林業界暨研究人員，柳教授也是研究者之一。

2013 年 8 月 9 日，台中鄉親再度為搶救神樹舉辦「台中千年茄苳神木文化園區公聽會」。

柳教授不是真的要問我，他只是想要分享他多年探索的結論：

「我告訴你，母樹多因寂寞而死！」

瞬間，我心領神會，無須多問。

柳教授英年早逝。我同他最後一面是在我發起搶救棲蘭檜木林運動，1990 年代末葉，一次農委會舉辦的公聽會上。他站在伐木界那邊，是林試所派出來的大將，我當然是民間保育派的主攻者。全場唇槍舌劍中，柳教授並未多語，立場也非伐木派。散場後他走向我打招呼：

「陳玉峯啊！你不會罵我吧！」這是他往生前，告訴我的最後一句話。

　　柳教授是國府治台後，台灣研究植群或植被生態的泰斗，我認識他時，他已滿頭銀髮，但年歲僅五旬餘。他是林學界少數勇於表達良知、感性者之一，我曾私淑他，他是我的長輩。

　　千禧年之前，我研究檜木林告一大段落，差不多也證明了：「母樹因寂寞而死！」

　　因為台灣的地體變遷，恰與檜木林的天然更新息息相關。紅檜與扁柏的祖先可能在約 150 萬年前的冰河時期，由日本，經琉球島弧之陸域相連而來到台灣。百數十萬年來，在台灣每隔約 50 年內一次大地震，以及雲霧氣候帶的上下變遷的天擇之下，檜木發展出與地體變動正相關的天然更新。

　　簡單地說，每逢大地震且山崩地裂之後，崩陷裸地上，提供檜木苗木大萌發。它們是集體萌長，且經由無數淘汰之下，天演成林。苗木更新率，恰好與地體變動密不可分。一旦成林，苗木即行消失，直到下個大地變。而成長、發育的各植株之間相互競爭，也相互依存，共同抵禦外在環境壓力而彼此拉拔。

　　後來，台灣約莫半個世紀的大伐木，摧毀原先數以萬年計的平衡與穩定，森林生態系的循環悉數被破壞，徒留一、二株檜木母樹形單力孤，龐雜環境因子壓力直撲而來，導致母樹無法苟存，是謂因寂寞而死！

據此故事演繹森林生態系之與獨木或樹島微生態系的差異。單獨一株樹，相當於四周全屬林緣效應，必須面對立地所有的環境壓力，也享受大部分資源，但人為環境下，則弊遠大於利。

一般敘述人類生活圈中的巨木、老樹所遭遇的問題（陳明義等三人，1984；文紀鑾等五人，1993）如下：

1. 生育（立）地受限，幹基以下、根系之上被水泥、柏油、磁磚等密封，阻絕滲水、妨礙根系呼吸，加速根系死亡、腐敗，從而樹體生機衰退、病蟲害滋生，導致樹木不竟天年，提早腐朽而致死。

地上枝葉亦常受圍、阻絕陽光，甚至常被修剪、鋸除，增加傷口，加速真菌入侵；掃除落葉，物質無法為樹體回收利用，生長勢日促，加速老化、縮短壽命。

2. 都會、社區、聚落人為工程及繁多類型的環境汙染為害，加上人們施加於樹體的種種傷害，在在為樹木折壽。

3. 樹體環境截然異於其足以長成大樹的原先條件，加上人為環境下動物系統歧異於自然生界，包括附生植物、寄居昆蟲、真菌、細菌等等侵襲，且在樹體衰弱之後，為害效應加乘加劇。

許多危害係出自人們的善意，根本原因在於自然知識不足，而以人本觀念施加於樹。也就是說，貓要貓道、狗要狗道、樹要樹道，就是不要人道。萬物各適其性，當人須「知道」，「知」即自然、生界、萬物之「知」，且眾生各有其合宜的生存之「道」，而非以人本思維，強加在萬

物之上。

因此，保護老樹首重就樹本身的生態特性、環境需求，還給它足夠的生存空間及環境要素或健康生存的條件，同時，更該追溯其原本的森林生態系，盡可能復育之，至少恢復其樹高 2～3 倍的半徑範圍的局部林分。如此，而可能善待老樹。

歷來台灣所謂的老樹保護，事實上是孤立它、窄化它、囚禁它、扼殺它、阻絕它，並且消費它，相當於凌虐它！但願今後可以扭轉人本霸道的無知，還給老樹、巨木一份自在生存的環境。

徐坤賜醫師全家投入搶救神樹的地方大愛。(2013.8.9；台中市)

老樹、神木存在的意義

台灣地當地球隱沒帶，每年地震動輒數千次，約略說來每隔 50 年一次大地震；台灣又是熱帶氣旋颱風頻常造訪地，約略每隔 3 年一次大災難型狂風暴雨，遑論八‧七、八‧一、賀伯、桃芝、納莉等等。

以曾經的阿里山神木為例，代表神木暨其所在地，三千年來至少歷經 60 次 9.21 大地震，以及 1,000 次強烈颱風的侵襲，該樹及立地周遭皆安然無恙！

即以平地、低海拔老樹 3 百餘年樹齡而言，幾乎也代表 6、7 個政權更替的台灣華人史上，該老樹及其立地附近，從來安穩、安定，而無論天災地變或朝代興衰。

老樹、神木的穩定，的確庇蔭在地生態系；它們的存在，不僅是生態環境及土地實質的安定劑，更是無常人生心靈無限的強心針，甚至是靈魂歸依的原鄉場域；它們帶有形而上的精神原力，是在地人人地關係不可取代的象徵，偏偏歷來從未被伸張，遑論被申論。

台灣長期以半調子唯物科學的心智，配合外來政權，不僅漠視台灣人的人地情操，以及來自自覺性的土地倫常，更頻常將之視同迷信而予以打壓、嘲諷，坐令鄉土根源，恆處於先天不良、後天失調的窘境，一直得不到滋養、成長、創發與深化。可以說，台灣迄今為止所謂的環境教育，一直填塞外來無根的裝飾品，始終欠缺土地、自然、活水源頭的認同感、歸屬性，以致於老樹、神木，恆滯於唯物之物，拋棄在地最佳的土地心聲！

老樹、神木絕不止於老樹、神木，它們是台灣人心靈、文化的活體根系，老樹、神木絕對可以是台灣在地族群集體的神主牌！

　　2013 年 5 月 14-15 日，楊博名、蘇振輝與我前往高雄市橋頭原糖廠區的「白屋藝術村」觀摩。該區集結以陳聖頌為駐站老鳥，領銜一批年輕藝文

橋仔頭糖廠白屋藝術村。(2013.5.15)

高雄橋仔頭糖廠遺留自日治時代，依幾何圖形搭建的水塔。(2013.5.15)

筆者等參訪陳聖頌畫家的畫室，由左至右依序為蘇振輝先生、陳聖頌先生、楊博名先生。(2013.5.15；橋仔頭糖廠白屋藝術村)

經管者如蔣耀賢、商毓芳伉儷等人，他們在僻遠鄉間蹲點，對文化資產、常民美學、環境教育、藝術典藏及創發，一步一腳印地插秧、紮根。

蔣耀賢為我講解他們在地的慘淡經營之後，商毓芳抱出一系列素陶人偶、動物捏塑，一一講述他們賦予的神話、童話故事創作。他們融合了從希臘神話、東亞傳奇，乃至台灣本土原鄉俚傳番諺，雜糅台灣動、植物等，有趣、生動、樸素但驚艷的一頁頁夢幻意境。坦白說，我在現場「驚心動魄」、「近鄉情怯」！我等待30年的本土再生文化已然萌長。因為我感動，以致於忘了讚美與肯定，我

橋仔頭糖廠白屋藝術村展示圖之一，筆者稱之為「機械世界」。(2013.5.15)

只是滿心祝福與期待。

我們也在陳聖頌的畫室佇足，欣賞他的台灣大河入海萬象。我口訪他的創作，他跟他的畫布、一筆一畫之間的心路歷程，正如同老樹、神木會同后土地深之中，根系的掙扎、纏綿與生育。我衝動到只有沉默，深怕褻瀆了土地祖靈的一絲一毫！

然而我心還是遺憾，因為我了知全境生態文化所不可或缺的自然元素，只跟這些創作藕斷絲連。如果這些本土文

白屋藝術村商毓芳女士，為筆者講解他們創作人偶的故事鋪陳 (2013.5.15)；背景壁圖一角，即陳聖頌先生最滿意的河流入海圖。

化深耕的藝術創作者，得以真正連結，或還原到台灣的自然生態系，則台灣地體出海 250 萬年的諸神、地靈、山精、魑魅——就位或搭上弦線，則台灣永世合弦的交響大曲始有問世的可能！

從俗地說，一個韓國人的騎馬舞可以風靡全球，台灣人若能跳出玉山圓柏的盤虬曲張、生命原爆，保證足以轟動武林、驚動萬教之餘，還可以譜寫台灣人內在靈動的自由自在、怡然安詳！

台灣人蒙受多朝代外來政權、東亞神權帝國、西方資本列強的文化席捲之下，只養成太急於成果、成名、成利、

成現世報，而始終結出半生不熟的花果，而熱切地採摘卻生澀難嚥入口！

台灣人何妨平靜地思索，為何幾百年的農民曆始終一字也不得更改？何以媽祖、王爺、三太子、玄天上帝、觀音等等，依然成為統戰的馬前卒，而始終無法恢復原本至高無上的超絕意境？從而更進一步茁長新的神聖與在地文明？

數十、百年了，為什麼老祖母的俗民故事不能成為體制教育的內涵？為什麼台灣常民藝術創作依然曇花一現、用過即丟？為何統治者的價值體系、思考頻率遠比外星人更難溝通？更悲慘的，整個體制教育無靈無魂，始終自絕於台灣自然、土地、常民，恆不斷地否定常民傳說的情懷、情愫，有意、無意間，有形、無形間，一直詆毀素民的裸真與赤誠？台灣國家、社會從來存在著幾條大斷層、暗斷層、盲斷層，統治文化與常民文化位於斷層線拉扯的兩岸上！

我必須強調的，諸如茄苳等老樹、神木，它們正是跨越聚落、城鄉的大橋梁；都會文明中的老樹，如同五濁惡世的修行人，散發入定之後的光輝，以及代代傳遞的普世人性、樹性與神性，它們是一種神聖時間與空間！老樹們是最實在的教化場域，功能不止於明星動物之動物保育，它們也可以是由自然文化過渡到物質文明的性靈載體。

我之所以先撰寫茄苳總說，只是如同過往我撰寫《物種生態誌》的百科全書類型（陳玉峯，2007），只是提供解說文

本、素材的基本，重點及未來的創作發展可以自此研發。龐多各地茄苳的人文故事尚待調查、輯錄，且統合成創作的原料，我們早該深入充實茄苳等原生生物的文創內容，銜接全球文化而根深、葉茂、花果豐盛。

茄苳不只是茄苳，老樹不只是老樹，文化是活體、靈體的示現，歷史是當下，研發、創作是永恆的顫抖與不斷地更新。

後壠仔茄苳王公帶出台中人必須追溯神樹從小苗到如今，一切地景更替、人事滄桑，它的樹心見證台中城市的滄海桑田，記載世代榮枯。它，必須看得見未來。

台中人理該、情當感恩、緬懷神樹的一切，更該洞燭它如何成為神樹的因緣際會。這株茄苳，正是台中人從前世到今生，乃至未來的時、空廊道，也是屬靈的聖殿。

☘ 後壠仔茄苳王公的規劃原則或舉例

當務之急，必先解決中港路 28 層大樓興建與否及其替代方案，同時，鑿測若干地點，且定位地下水的水脈，水平及垂直的分佈，建立年週期數據等監測系統。

此舉，不只是對茄苳王公保護之水文機制的瞭解，同時也建立台中市中心地帶地下水文（至少梅川水系）的環境監測，一舉兩得。此一硬體設備及技術，應在設置完成後，教導在地社區、社團等民間團體，認養並負責執行與管理。

建議均安宮執事暨護樹聯盟同仁、在地關懷者，水文及

地文的環境監測事工等，可向市政府訴請；28 層樓開發案等，宜委由例如徐坤賜醫師等，洽請建商業主情理兼顧，營造更妥善、完滿的安排，再會同市府、建商、在地團體、各面向專業顧問等，共同謀求佳緣天成！

而之前，1990 年代梅川加蓋工程、更早年代中山醫院之營建，夥同在茄苳王公樹幹四周的堆填土方，高逾 2 公尺，筆者認為即對神樹的一次重大傷害，如今樹體已略衰弱，真菌入侵木質已然洞開，若再加上新建工程抽除大量地下水源，則神樹已近黃昏。除非新建工程施工期間有辦法阻絕地下水源流失，且將之截存於神樹區域，否則再大的神力也無法搶救生機。

先決條件解決之後，神樹園區宜進行全盤的永續規劃，原則如下：

1. 以神樹為中心，或略偏南向，劃出長寬約 50×30 平方公尺或以上的「茄苳原始林復育區」，清除地面任何水泥、硬體建築，包括：

   (1) 茄苳王公廟是否遷移，可訴諸神意，卜杯定奪，但無論如何，即令仍留原址，建請廟方慎重考量縮減廟庭，廟體略微架高，使令泥土地面透氣滲水，增加一線生機。

   (2) 茄苳王公廟牌樓、銘記、燒金爐等，建請拆除。原則上對茄苳公奉香即可，燒金紙事宜，可移至均安宮金爐焚燒。

   (3) 劃原始林復育區可依現地條件，作彈性處置，或不

規則形狀劃定。規劃區內一切硬體拆除，恢復自然地土環境為要。

(4) 凡移除的文物、銘記等，統一置放於將來新規劃的「聚落發展文物館」暨「自然史解說教育館」或一體成形建物內。

2. 在確保地下水文系統的恆定性條件下，復育台中熱帶雨林之「茄苳優勢社會」：

(1) 在 50×30 平方公尺內，保留今之茄苳一代、二代、三代木，另加植 2～4 株茄苳小喬木（雌雄株各半，或雄株為主）；若植苗木，則以茄苳王公的子嗣為之。

(2) 伴生第二喬木層，可植江某、香楠、稜果榕、小梗木薑子等，或以今之大坑溪谷型樹木，例如大葉楠、樹杞、黃杞等輔之。

(3) 灌木層以下，如山棕、姑婆芋、九節木、觀音座蓮、水同木、水冬瓜、諸多合宜蕨類等等。

(4) 蔓藤物種如黃藤、血藤、盤龍木、拎壁龍、伊立基藤、柚葉藤、風藤等等。

(5) 附生植物如崖薑蕨、山蘇花、石葦、拎樹藤、抱樹石葦等等，但可在森林立體結構完成後，再於下階段增加。

3. 復育茄苳純林區的任一物種，分別建立「物種生態誌」，並由社區各級學校認養解說教育、環境教育教材，編撰文本等。

(1) 此一園區相當於台中都會環教之自然解說教育區。

可以講解天然林、熱帶雨林、各物種生態區位、形態、生理、交互相關等等豐富的內涵。

(2) 新啟在地研究、觀察，舉凡物候、水文、環境因子、演替、生長……龐雜在地學子調查研究的各議題。更可規劃學童育苗計畫等，擴大參與面。

(3) 自然生物相之觀察研究一併進行，如鳥類、昆蟲、其他動物相之消長與變遷。

(4) 與茄苳等植物相關的人文、藝文發展，一併進行。

4. 後壠仔四百年變遷史：

(1) 以拍宰海族為首要，延展拍瀑拉族、巴布薩族、洪雅族、道卡斯族等中部五大平埔族之全方位研究、考據，盡可能建立四百年前乃至往後變遷沿革史。

(2) 後壠仔在地華人開拓史，由文獻、耆老口述史等，建立相對明確的在地文明發展史。

(3) 台中都會發展史，如荷據、明鄭、清領、日治、國府等時代變遷，特別是 20 世紀可追溯最完整的在地發展史。

(4) 均安宮、茄苳王公建廟史之如何由家廟以迄今之地區信仰圈，諸多宗教發展、法脈傳承、顯靈記事、心靈託付、宗教行儀……，皆應完整追溯。特別是現今均安宮諸神、科儀、祭祀等等探討，且對茄苳的文化意涵等，應予直溯根源。

(5) 伴隨任何調查、研究，收集任何文物、舊照片等，系統整理，建立解說教育文本。

(6) 延展藝文創作，落地生根文創諸內涵。

(7) 於今最緊迫者，立即動員、口訪後壠仔耆老回憶錄
之編纂，截留土地故事、鄉野傳奇，藉由茄苳王公
庇蔭，輯錄在地集體印象、文本。盡可能留存先人
軼事，追溯任何有意義的在地痕跡。

感恩後壠仔茄苳王公，賜予我機緣，於此老樹危機事件
中，得以在此短時程內，略盡個人有限所知，提出些微思
慮，呈獻予天地及在地有心、有識人士參考。未盡事宜，
以及詳實實施細節等，但視因緣，再作野人獻曝的陋見。

2013.6.22

❧ 後記

2013 年 6 月 23 日下午，我央請蔡智豪老師再次載我去
看粘錫麟老師後，繞回台中後壠仔茄苳王公廟，以〈茄苳
三部曲〉這三篇文章向茄苳王公祭拜、呈覆，但願老樹靈
體發威自救。

然而，是日見某民間單位在樹王大側枝下施工，鑿穴填
埋通氣泡棉人工製物。我不瞭解是何等專業，可以下達如
是行為真有助於老樹健康？而經費是來自市政府？為什麼
不在通盤瞭解之後，依緩急輕重再施以「幫助」？何種公
權得以下達如此施業？怕只怕有良心地做錯事、善意地做
壞事，愛之適足以害之！任何施業皆該審慎，三思而後行
啊！

保衛茄苳公神樹花邊

29

　　台中茄苳公保衛戰第一回合揭曉，2013 年 9 月 11 日傳媒報導，28 層大樓業者取消興建計畫，退回三百多戶預售屋的訂金，台中市長表示感謝云云。在地居民及護樹團體聞訊莫不額手稱慶，大家為神樹立即危機的解除而欣慰，筆者也要特別感謝業者慈悲的胸懷，更要為接下來的保育、復育工作捏把冷汗！

　　回顧自 6 月 3 日初勘神樹，樹幹浮字以降，6 月 23 日筆者向神樹拜請者但乙事：

　　「茄苳公啊！我能做的已經勉力完成了，剩下來的，您得自行發威了！」

　　接下來 2、3 次的公聽會、搶救行動或記者會，筆者強調的是：

　　1.筆者相信建商業者、市政府及護樹民眾，大家都希望神樹長存，而不必強烈抗爭；以業者的社會地位，只要瞭解社會氛圍，或可慈悲行事。

　　2.中港路茄苳神樹十多年來幾乎無法結實，且樹幹已有

台中市府人員來訪。左起邱松山科長、曹美良秘書長、筆者、蔡精強局長。
（2013.8.12；台中）

局部腐朽而真菌不斷長出，樹勢已呈顯著衰退跡象，筆者
斷言，一旦大樓動工，乃至大樓完建後，十年內神樹必
亡。

　3. 業者是「合法的」建案，若市政府核可，即令強建仍
然站得住腳。問題是，大樓蓋好了，住戶入住了，但不幸
茄苳公死亡了，請問住民們能否平安順利？

　之後，市政府三位要員蒞臨寒舍傳達訊息，筆者拜託他
們向市長致意：

　1. 台中市不缺一棟 28 層樓大廈，而台中市茄苳公獨一
無二。

2. 台灣低海拔樹種樹齡幾乎無有超過 4、5 百年者，茄苳公依自然條件，事實上已近天年。如果市府核准、建商動工，而老樹死亡，則所有責任⋯⋯

3. 市政府斷然決定，即令必須賠償建商等，於公務員執事毫髮無損，而神樹免於雪上加霜，且復育台中市中心原始生態系，夥同人文開拓史等調查一併建立，實乃美事、政績一樁！市長乃何其聰明明理之人，焉不知此中三昧？

坦白說，台中市政府行政圓融、面面俱到。如今，台中市民必須專心面對茄苳公神樹實質境遇矣！若干生態學理乃至保育措施等，筆者已經書寫於〈茄苳三部曲〉三篇拙文中，另在技術方面，亦分別向護樹團體及市府人員作口頭報告。

世間法生老病死、成住壞空，有生必有死。如何盡可能創造延續神樹長存的環境條件，誠乃大挑戰；如何降低自以為是的人本霸道，真正體悟自然奧妙，筆者只能再度向茄苳公祈請發威矣！

附錄

山林書院

全境生態學的基地：山林書院部落格
http://slyfchen.blogspot.tw

～自然情操、生態保育、環境保護、土地倫理、生態旅遊、靈性創發等等，不僅是知識傳遞、科學教育，更是人格培養、價值改造的教化，它們奠基於屬靈最深沉的宗教情懷，以及人心的終極來源與歸宿，並對生界、未來世代作承擔～

負責人：陳玉峯(tel: 0972-077671/0978-902220)；hillwood.tw@gmail.com
地址：802高雄市岡山區協和街70號(tel: 07-6259993)

宗旨

1. 創設台灣天文、地文、人文、生文全境生態學教育基地。
2. 營造以台灣自然暨宗教為特徵的台灣學場域。
3. 永世傳承並創造台灣文化，特別是自然哲學暨宗教哲學。
4. 全面關懷社會暨世代議題，作育人才。
5. 提供弱勢運動者休憩、充電、再出發的場所。
6. 研究、創作與出版；解說、教化與啟發，乃山林書院的社會功能。

※註：本書院的特徵之一：純公益地，將陳玉峯教授三十多年的調查、研究成果，包括珍貴的影像等，以電子檔悉數贈予受課者……

玉山主峰。

源起

　延續自 1980 年代以降，台灣民間自然保育、環境保護、隱性文化發揚的精神與典範，陳玉峯教授繼「台灣生態研究中心」、「生態學系暨研究所」、「台灣生態學會」、「環境佈道師」的開創、運作或培育人才等事工之後，潛沉 6 年探索宗教等內在世界，而於 2012 年起，矢志開創台灣全境生態學，並以通俗解說、環教等方式，創設山林書院服務草根或社會。

目前開設課程或研討會（課程、營隊一概以免費為原則）

1. 基礎營隊課程：以密集、最短時程，讓學員獲致第一手台灣山林或自然生態知識及資訊，認知台灣傳統宗教哲學的底蘊，具備立即可以解說、上課或講演的教材及能力，隨緣提昇台灣社會的自然情操、生態知識或本土深度文化的水準。

   密集上課 8 天（含野外 3 天），另有南橫峽谷生態之旅、合歡高地生態之旅等。已開辦第一梯次高雄營隊 (2012.7.25 ～ 8.1)、第二梯次台中營隊 (2012.10.20 及 21；2013.1.26 ～ 2.2)、第三梯次台北營隊 (2013.7.24 ～ 7.31)……

2. 補充、釋疑、交流課程：專為基礎課程營隊學員服務的補充、釋疑課程，不定期擇一或兩天開設，例如第一次課程於 2013 年 4 月 27 日舉辦。

3. 各種專業化課程：

   (1) 台灣學講座——台灣自然史：不定期開班，已開班者如高雄梯次 (2012.11)、台中梯次 (2013.4 ～ 5)。

   (2) 生態教育推廣班——蛙類生態：已開班 (2013.4 ～ 6)。

   (3) 生態教育推廣班——植物生態：已開班 (2013.4 ～ 6)。

   (4) 生態教育推廣班——鳥類生態：已開班 (2013.4 ～ 6)。

   (5) 生態教育推廣班——蟹類生態：已開班 (2013.4 ～ 6)。

   (6) 生態教育推廣班——認識低海拔的植物生態：已開班 (2013.4 ～ 6)。

   (7) 生態教育推廣班——生態體驗教育：已開班 (2013.4 ～ 6)。

小笠原山山景。

4. 不定時接受各單位申請開辦課程，例如「阿里山解說專論」——嘉義林管處 (2013.4.13～14；4.25～26)；「合歡高地專題課程」——荒野台北學員 (2013.6.1) 等。

5. 每年度全國保育、環保或 NGO 聯誼研討會：每年 12 月 11～20 日期間，擇期、擇地點，舉辦「山林之友年度大會」，邀請民間、草根各單位代表，發表年度工作或專案心得交誼，並於大會中頒發「山林書院素質人獎」。（註：已修訂）

6. 各類型課程、專題陸續規劃中。

出版

　　已出版〔山林書院叢書〕1.《玉峯觀止》(2012a)；2.《山災地變人造孽——21世紀台灣主流的土石亂流》(2012b)；3.《台灣素人——宗教、精神、價值與人格》(2012c)；4.《蘇府王爺——台灣素民史之一例》(2013a)；5.《民國廢核元年——廢四核、清核廢，全國接力行腳 (一)》(2013b)；以及各種營隊講義、光碟……

　　資金籌募：「山林書院」乃純粹民間草根單位，秉持無私奉獻精神服務社會、生界，懇請十方大德隨緣、隨願、隨喜贊助。然而，「山林書院」未立案，若需要抵稅收據者，請捐給任何真正做公益的單位；若願捐贈予「山林書院」者，郵政劃撥帳號：20797582；帳戶：陳玉峯。

馬鞍藤。

基礎營隊。

永久基地：隨緣尋覓中……

（目前地址乃暫借者）

師資

傳道法師（佛學、文武各科……）

蘇振輝董事長（企業經營、國際貿易、人生哲學、西方藝術賞析……）

楊博名董事長（企業經營管理、生態美學……）

王小棣導演（藝文……）

楊國禎教授（植物分類、生態學……）

黃文龍醫師（醫療美學……）

劉烘昌教授（蟹類生態、動物生態……）

蔡嘉陽博士（鳥類生態、環境運動……）

蘇信維老師（蛙類生態、鳥類學、地理資訊系統……）

吳樂天老師（生態體驗教育……）

蔡智豪老師（大肚山植物生態、環境教育……）

陳月霞理事長（兩性、阿里山學、親子教育、文學、攝影……）

陳玉峯教授（生態學、植被暨植物、台灣宗教哲學、自然哲學……）

（註：陸續結緣中）

徵求「山林之友」

　　任何人只要填具下列資料回擲，或 e-mail 進來，即可成為「山林之友」，可收到本書院的訊息。

姓　　名		E-mail	
職　　業		電　話	
通訊地址			
特別附註 （個人願意提供者）			

「自然情操」

　　～如果我們可以從哲學、文學、科學、藝術……得到先哲、先賢的肯定與慰藉，我們更可以從自然生界與大地，得到終極的溫暖與和諧，就像人類的老祖宗之所以歌、所以頌、所以興，絕不會是從蒼白大地所產生。教育如果有目的，必也喚起地球整體的善，維護生命長河的綿延與傳承～

　　～沒有一片春芽記得那片落葉的滄桑，每片落葉化做春泥更護花，每一片春芽也會變成落葉～

斜方複葉耳蕨。

～感情是最深沉的理性；理性是最優雅的情感～

～我認為還有無窮的、未知的良知、道德、美善未曾開發出，教育就是肩負著未知的任務；我不知道有教育者能夠得知何謂成功的教育，教育的良窳與教育者永遠存在一段時差。現世所謂教育的評鑑，是一種精緻、合理的愚蠢，更是蓄意的無知。就本質而言，評鑑是過去的墓誌銘，是反教育；歸納、演繹、定律、原理或現今知識無能之處，就是教育真正的領域～

～教育沒有公式，教育沒有理論，教育是人類生命長河中，典範的傳承、顛覆、創造與無窮潛能的不斷再生，教

玉山小蘗。　　　　　　　　　　　　　　　合歡高地。

育是未來學的教育～

　　～從來沒有任何一片落葉的行徑，是經過刻意的安排～

　　～只取當下；只當下取。希望是手中一把沙，愈想擁
有，流失愈多～

　　～規劃不是伸張人的意志，規劃不是一味的強調我們能
做什麼，想做什麼；好的規劃必須妥善思考我們該做什

台灣一葉蘭。

野薑花。

麼、不該做什麼；好的規劃不僅要照顧人類的善，要照顧所有生命、無生命的善，更要照顧尚未存在的善；經營管理山林土地，不是設計一大堆方法、技巧或制度，去巧取豪奪自然資源；經營管理山林，不是去規範那隻松鼠尿尿要朝東、朝西仰角幾十度，不是去管理那棵樹必須怎麼生長，而是體會自然之道，如何好好管理人在土地、人在自然界中的行為。環境教育的本質，乃在發現潛存在我們內心深處，整個地球演化的血脈之中，我們與所有生命、環境之共存共榮的關係，且進一步闡述，我們與大地原本擁有共同的記憶、和諧、美感，以及維護美麗世界的大愛～

～可以重複演出的叫戲劇；永不回頭的叫人生。我不知道生命的意義，因為人們不是他們的經驗智慧之所生；一個桶子之所以叫水桶、尿桶或酒桶，是在使用過後才確知。在生命裏找意義，往往只找出顛倒夢想、無病呻吟；面對生命去過活它，意義油然滋生～

～我上半輩子傾全力在為每株樹、每根草，找尋它們本來存在的天賦樹權、天賦草權。當年，只要晴天而我不在山林調查研究，內心就充滿罪惡感！如今我知道，一樹一羅漢，一花一草一觀音～

粉鳥林漁港。

台灣宗教的底蘊

　　說來十分弔詭，表面上台灣宗教的雜神信仰，拜的似乎只是許多廟頂上的三尊福、祿、壽，現行俗民的宗教行為，好像也只為了神明可以回應祈求的對價關係，然而，幾乎所有的台灣子民不會承認他們只向神明索取超自然的賞賜，因為，在他們深深的心底，似乎有種深藏的，絕對抹消不掉的某種東西。他們甚至終其一生，也不知道那是什麼東西，遑論在世時，他們的理性、表面意識能夠知道些什麼東西！

　　然而，那個東西卻緊緊地粘附在大多數台灣人的潛意識底層，在那窮深奧底之處，頻頻地呼喚著，卻苦於所有的意識、思考作用始終無法將它轉譯出！於是，所謂的神明、神力、聖靈或種種不可思議的說辭、說法，只是理性、智性為了要將它語譯出來，所做的種種白費力氣的掙扎。

　　其實，答案寫在傳統台灣尋常百姓家的廳堂上。典型的客廳一進門是神桌，且不管祭拜的是何方神明，其背後頻常有幅觀音的掛圖或壁畫，主神的右側則供奉著自家的神主牌。這正是台灣一般廟宇陳設的簡化版，不管前殿何等主神，後殿是觀音佛祖，也就是千餘年來，閩南、台灣人禪門的胎記。

觀音（佛祖）是本體，前面的神明是應現，案前祭拜的子民就是要窮其所有努力，逼進、觀進人性終極底蘊的心音或來處的靈界。而神明、觀音右側的神主牌，則提醒你，慎終追遠也得追到父母生你之前的本來真面目。

　　這套禪門觀音法理正是台灣人心靈底層的奧蘊。然而，禪、觀音等等名相也只是個代號或象徵物；禪、佛祖、人的本心，是不能滿足於一切表層宗教的觀念、思想、意識的。台灣人信仰的觀音法理，絕不是只要求神明賜予現實的兌現或回報，而是必須將這套信仰的核心，應現於活生生的你、我、他，而作不求任何回報的大慈悲的生活，也就是無所求行或無功用行，甚至連這些也不存在。

　　這套禪境的底層呼喚，只是本本然然的自覺，單單純純的自在，而沒有那麼複雜的宗教義理，它可以是全球任何一種宗教，卻不受任何意識、理念、慾望或所謂知、情、意所沾黏。我在一大堆宗師、教主、大善人、大師身上看不到的，在台灣素人的平常生活行為中，卻隨時隨地在流露！

　　而我們之所以那麼困難、那麼無能去照見何其簡單的本然，關鍵之一在於，我們切斷了自己跟自然、土地、生界的聯繫，這條永遠的臍帶關係。現代人所謂的生態、環保、健康、自然的呼籲等等，根本的問題皆然……

陳玉峯 2012.12.20

策　　　劃　山林書院http://slyfchen.blogspot.tw
輯著、攝影　陳玉峯
打字、校對　蔡智豪
責 任 編 輯　陳淑燕
美 術 編 輯　Nico
出 版 者　台灣本鋪：前衛出版社
　　　　　　10468台北市中山區農安街153號4樓之3
　　　　　　Tel：02-25865708　Fax：02-25863758
　　　　　　郵撥帳號：05625551
　　　　　　e-mail：a4791@ms15.hinet.net
　　　　　　http://www.avanguard.com.tw
　　　　　　日本本鋪：黃文雄事務所
　　　　　　e-mail：humiozimu@hotmail.com
　　　　　　〒160-0008日本東京都新宿區三榮町9番地
　　　　　　Tel：03-33564717　Fax：03-33554186
出 版 總 監　林文欽　黃文雄
法 律 顧 問　南國春秋法律事務所林峰正律師
總 經 銷　紅螞蟻圖書有限公司
　　　　　　台北市內湖舊宗路二段121巷19號
　　　　　　Tel：02-2795-3656　Fax：02-2795-4100
出 版 日 期　2014年1月初版第一刷

定　　　價　新台幣350元

國家圖書館出版品預行編目(CIP)資料

私房菜/ 陳玉峯著. -- 初版. -- 臺北市：前衛,
2014.1
　304面；15×21公分 -- （山林書院叢書）
　ISBN 978-957-801-735-1（平裝）
　1.言論集

078　　　　　　　　　　　　　　　102027341

＊「前衛本土網」http://www.avanguard.com.tw
＊請上「前衛出版社」臉書專頁按讚，獲得更多書籍、活動資訊
　http://www.facebook.com/AVANGUARDTaiwan